AF883344

TEORÍA DEL APEGO

UNA GUÍA DE LA PSICOLOGÍA BOWLBIANA

Copyright © 2026 por Dan Biscayne

Todos los derechos reservados

TABLA DE CONTENIDO

INTRODUCCIÓN A LA TEORÍA DEL APEGO----------------------------------5

Consideraciones preliminares • Definición, principios y conceptos básicos • Importancia en el desarrollo humano • El papel de las relaciones tempranas en la formación del apego • Teoría del apego y su impacto en la personalidad • Sistemas de comportamiento en la teoría del apego • Relevancia moderna y aplicaciones del apego en la comprensión del comportamiento humano • Mitos comunes sobre la teoría del apego • Comparaciones con otras teorías psicológicas.

CONTEXTO HISTÓRICO Y DESARROLLO------------------------------------17

Influencias psicoanalíticas • El papel de la etología en la conformación de la teoría del apego • Estudios observacionales - Interacciones madre-hijo • Transición de las teorías conductuales a los constructos del apego • Investigación y experimentos • Influencia de la Segunda Guerra Mundial en las prácticas de cuidado infantil y el apego • Integración con perspectivas cognitivas y psicodinámicas • Surgimiento de figuras clave y colaboraciones • El establecimiento de la teoría del apego como piedra angular de la psicología del desarrollo.

JOHN BOWLBY Y LA GÉNESIS DE LOS ESTUDIOS DEL APEGO-------27

Vida temprana e influencias • Antecedentes y formación académica • Incursiones iniciales en la psicología del desarrollo • Colaboración con Mary Ainsworth • Formulación de la teoría del apego • Estudios y experimentos • Impacto en las políticas de bienestar infantil y familiar • Críticas y revisiones de la teoría original • Legado y reconocimiento en la psicología moderna • Influencia en la investigación contemporánea.

CONCEPTOS Y POSTULADOS CLAVE DE LA TEORÍA DEL APEGO---40

El sistema bioconductual y sus raíces en la evolución • Conductas de apego • Modelos de trabajo internos - Esquemas cognitivos y su impacto • El papel del cuidador - Sensibilidad, capacidad de respuesta e influencias en el desarrollo • La dinámica del sistema de apego: mecanismos de activación y desactivación • Exploración, base segura y autonomía • Mantenimiento de la proximidad y refugio seguro • Regulación emocional.

LA DINÁMICA DEL APEGO---118

Características del apego seguro - Estabilidad y resiliencia • Manifestaciones conductuales en los apegos seguros a lo largo de la vida • Apego ansioso: orígenes, desarrollo y rasgos • Impacto del apego ansioso en las relaciones interpersonales • Dinámica del apego evitativo • Patrones de apego evitativo en diferentes contextos • Análisis comparativo de los estilos de apego.

APLICACIONES DE LA TEORÍA EN PSICOLOGÍA CLÍNICA--------------174

Teoría del apego en psicoterapia • Herramientas y métodos de evaluación • Abordaje de los trastornos del apego • Intervenciones para adultos con apegos inseguros • Aplicación en contextos de terapia familiar • Intervenciones en la infancia y enfoques parentales • Uso en el tratamiento del trauma y el trastorno de estrés postraumático • La integración de la teoría del apego con otros modelos terapéuticos • Consideraciones éticas y desafíos en la práctica clínica.

CRÍTICAS Y CONTRAARGUMENTOS---187

Limitaciones metodológicas en la investigación sobre el apego • Críticas teóricas - Ampliación del alcance • Sesgos culturales en la teoría del apego • La reevaluación de los estándares de apego seguro • La cuestión de la universalidad de las clasificaciones del apego • Perspectivas psicológicas • El papel de los factores ambientales y socioeconómicos • La integración de teorías y marcos alternativos.

DIRECCIONES FUTURAS E INVESTIGACIÓN------------------------------197

Avances tecnológicos y su impacto en los estudios sobre el apego • Enfoques interdisciplinarios de la teoría del apego • Metodologías innovadoras para analizar patrones de apego • Apego y neurobiología • Teoría del apego más allá de los límites tradicionales • Estudios longitudinales y sus perspectivas sobre el apego en adultos • Implicancias políticas y aplicaciones en la salud pública • Consideraciones éticas en la investigación futura sobre el apego.

50 CITAS DE BOWLBY SOBRE LA TEORÍA DEL APEGO----------------208

Sobre la naturaleza del apego y los vínculos humanos • Sobre la experiencia temprana y el impacto duradero • Sobre la base segura y la exploración • Sobre la regulación emocional y la resiliencia • Sobre la separación, la ansiedad y la angustia por apego • Sobre los modelos de trabajo internos y las expectativas • Sobre el psicoanálisis y la perspectiva científica • Sobre el cuidado materno y el desarrollo infantil • Sobre el apego a lo largo de la vida • Citas reveladoras diversas.

INTRODUCCIÓN A LA TEORÍA DEL APEGO

Consideraciones preliminares

La teoría del apego, desarrollada por John Bowlby y posteriormente ampliada por Mary Ainsworth, proporciona conocimientos fundamentales sobre la compleja dinámica de las relaciones entre padres e hijos y ha influido significativamente en el campo de la psicología del desarrollo y otros campos. En esencia, esta teoría busca comprender cómo las experiencias tempranas con los cuidadores moldean el desarrollo emocional y social de un individuo. El concepto de apego abarca el vínculo emocional que se forma entre un bebé y su cuidador principal, generalmente la madre, y cómo este vínculo influye en la sensación de seguridad, exploración y relaciones del niño a lo largo de su vida. Un elemento central de la teoría es la idea de que un apego seguro con un cuidador proporciona un refugio seguro para que el niño explore el mundo, sabiendo que puede recurrir a una fuente de consuelo y apoyo cuando lo necesite. Por el contrario, los apegos inseguros pueden provocar dificultades para regular las emociones, establecer relaciones saludables y afrontar el estrés. La teoría del apego también profundiza en los aspectos conductuales y neurológicos del vínculo humano, arrojando luz sobre los mecanismos que subyacen a la confianza, la empatía y la intimidad. A medida que profundizamos en los principios y conceptos fundamentales de la teoría del apego, se hace evidente que la calidad de los apegos tempranos desempeña un papel crucial en la configuración de los modelos internos de funcionamiento de uno mismo y de los demás, lo que puede influir en diversos aspectos del funcionamiento adulto, como los estilos de crianza, las relaciones de pareja y los resultados en materia de salud mental. Además, la teoría enfatiza la importancia de reconocer la diversidad de experiencias y patrones de apego, reconociendo que existen diferencias individuales dentro de las categorías de apego seguro, ansioso y evitativo. Comprender la teoría del apego puede ofrecer información valiosa a los profesionales que trabajan en campos como la psicología clínica, la educación y la terapia familiar, así como fundamentar intervenciones y sistemas de apoyo para personas y familias que gestionan los desafíos relacionados con la inseguridad en el apego. Al explorar el marco general de la teoría del apego, comenzamos a comprender las profundas implicaciones de las experiencias relacionales tempranas, allanando el camino para una comprensión más profunda de las conexiones humanas y el bienestar emocional.

Definición, principios básicos y conceptos

En esencia, el apego se refiere al vínculo emocional que las personas establecen con sus cuidadores principales, sirviendo como modelo para futuras relaciones e influyendo en el funcionamiento social y emocional a lo largo de la vida. Los principios y conceptos clave en el marco de la teoría del apego abarcan la noción de una base segura, los modelos de funcionamiento interno y el papel de la búsqueda de proximidad en respuesta a amenazas o angustia percibidas. Estos ideales sustentan los fundamentos de la teoría del apego, dilucidando la naturaleza de las conexiones humanas y el impacto de las experiencias de apego en diversos aspectos de la vida de una persona.

El concepto de "base segura" representa el cimiento desde el cual las personas exploran el mundo y buscan consuelo en momentos de incertidumbre o angustia. Desde la infancia hasta la edad adulta, esta base segura suele estar personificada por el cuidador principal y sigue siendo fundamental para facilitar la exploración, brindar una sensación de seguridad y fomentar la regulación emocional. Además, el desarrollo de modelos internos de trabajo, influenciado por las experiencias tempranas de apego, encapsula esquemas cognitivos que dictan las expectativas de las relaciones, la autoestima percibida y la confianza en los demás. Estas representaciones internas moldean cómo las personas interpretan las señales sociales, gestionan los conflictos y establecen intimidad, ejerciendo una profunda influencia en sus patrones relacionales. Además, la búsqueda de proximidad, manifestada a través de expresiones de angustia o esfuerzos por mantener la cercanía con las figuras de apego, funciona como un instinto primario destinado a garantizar la protección y la seguridad, delineando aún más los principios fundamentales de la teoría del apego.

A medida que profundizamos en los principios y conceptos fundamentales de la teoría del apego, se hace evidente que sus implicaciones se extienden mucho más allá de la infancia y la niñez, permeando la adolescencia y la adultez. Comprender estos principios fundamentales facilita la comprensión de las complejidades de las relaciones humanas, destacando el impacto de las experiencias tempranas de apego en el bienestar emocional y la dinámica interpersonal. Además, reconocer la interacción de estos conceptos ofrece una perspectiva para comprender las diferencias individuales en los estilos de apego, las estrategias de afrontamiento y la resiliencia ante la adversidad.

Importancia en el desarrollo humano

La teoría del apego desempeña un papel crucial en nuestra comprensión del desarrollo humano, especialmente en los años de formación de la infancia. Es a través de la perspectiva del apego que podemos comprender el profundo impacto de las experiencias tempranas en el bienestar emocional y psicológico de una persona. La importancia del apego en el desarrollo humano reside en su influencia fundamental en la formación de vínculos sociales, la regulación emocional y los rasgos de personalidad. Las relaciones de apego tempranas sirven como modelo para la percepción y la interacción de las personas con el mundo, sentando las bases para futuras conexiones interpersonales y estrategias de afrontamiento. Además, la calidad de los apegos tempranos se ha vinculado a diversos aspectos de la salud mental, como la resiliencia, la autoestima y la capacidad para afrontar el estrés y la adversidad. Estos apegos formativos sientan las bases para el desarrollo de los modelos internos de trabajo de una persona: marcos cognitivos que moldean la percepción de uno mismo y de los demás, guiando el comportamiento en las relaciones a lo largo de la vida. Comprender la importancia del apego en el desarrollo humano subraya el papel crucial de los cuidadores en el fomento de apegos seguros. Un cuidado receptivo y sensible proporciona una sensación de seguridad y confianza, lo que permite a los niños explorar su entorno y desarrollar una base sólida para interactuar con el mundo. Por el contrario, las interrupciones en el apego, como la negligencia o la atención inconstante, pueden tener repercusiones duraderas, pudiendo generar inseguridades en el apego y dificultades para forjar relaciones saludables. La importancia del apego en el desarrollo humano se extiende más allá de la infancia, influyendo en la capacidad de intimidad, la empatía y el bienestar general en la vida adulta.

El papel de las relaciones tempranas en la formación del apego

La calidad del cuidado experimentado durante la infancia y la primera infancia sienta las bases para el establecimiento de patrones de apego que perduran a lo largo de la vida. La teoría del apego de Bowlby enfatiza el impacto crucial de las relaciones tempranas en el funcionamiento emocional y social del individuo. Los bebés forman sus primeros vínculos con sus cuidadores principales, generalmente la madre o el padre, y la naturaleza de estas interacciones tempranas moldea profundamente sus modelos internos de funcionamiento relacional.

Durante las etapas de formación de la vida, los bebés dependen de sus cuidadores no solo para satisfacer sus necesidades físicas, sino también para obtener apoyo emocional y seguridad. Los cuidadores que prestan atención a las señales del bebé y son receptivos a ellas fomentan un sentido de confianza y seguridad, sentando las bases para un apego seguro. Por el contrario, un cuidado inconsistente o negligente puede generar patrones de apego inseguros, caracterizados por ansiedad, ambivalencia o evitación en las relaciones íntimas más adelante en la vida.

La formación del apego está intrínsecamente ligada al desarrollo de la autorregulación y los mecanismos de afrontamiento. Las personas con apego seguro tienden a mostrar mayor resiliencia emocional y estrategias de afrontamiento adaptativas, mientras que las personas con apego inseguro pueden tener dificultades para regular sus emociones y abordar eficazmente los factores estresantes. Estudios han demostrado que las experiencias relacionales tempranas moldean los circuitos neuronales implicados en la regulación emocional, lo que convierte las experiencias tempranas de apego en un aspecto fundamental del desarrollo de la personalidad.

Las dinámicas de apego tempranas impactan las expectativas de una persona sobre sus relaciones e influyen en sus comportamientos interpersonales. Los niños que reciben cuidados receptivos y constantes tienden a desarrollar creencias positivas sobre sí mismos y los demás, lo que fomenta dinámicas relacionales saludables en la edad adulta. Por el contrario, las personas con apego inseguro pueden tener dificultades con la intimidad, la confianza y la comunicación, y a menudo experimentan dificultades para formar y mantener relaciones estrechas.

Comprender el profundo impacto de las relaciones tempranas en la formación del apego resalta la importancia de brindar apoyo y recursos adecuados a los cuidadores y las familias. Las intervenciones dirigidas a promover un apego seguro, como los programas de educación parental y las intervenciones en la primera infancia, pueden mitigar los efectos negativos de las experiencias tempranas adversas y fomentar patrones relacionales saludables para las generaciones futuras. Al reconocer la importancia de las relaciones tempranas en la formación del apego, los profesionales de diversos campos pueden contribuir a la formación de individuos resilientes y emocionalmente sanos en la sociedad.

La teoría del apego y su impacto en la personalidad

La teoría del apego ha sido fundamental para moldear nuestra comprensión del desarrollo de la personalidad y sus implicaciones en el comportamiento humano. Según lo propuesto por John Bowlby y desarrollado por Mary Ainsworth, esta teoría postula que las experiencias tempranas con los cuidadores influyen significativamente en la formación de la personalidad de un individuo. El tipo de apego establecido durante la infancia, ya sea seguro, ansioso o evitativo, puede tener efectos profundos y duraderos en diversos aspectos de la personalidad de un individuo. Además, estos patrones de apego sirven como modelo de cómo las personas se perciben a sí mismas, sus relaciones con los demás y su capacidad para regular las emociones.

Los investigadores han descubierto que las personas con apego seguro tienden a exhibir rasgos como resiliencia, confianza en sí mismas y una regulación emocional eficaz. Tienen mayor probabilidad de establecer relaciones interpersonales sanas y satisfactorias, demostrando empatía, confianza e intimidad. Por el contrario, las personas con apego inseguro, ya sea que se caractericen por ansiedad o evitación, pueden mostrar rasgos de personalidad desadaptativos, como dificultad para establecer relaciones cercanas, miedo a la intimidad y una mayor reactividad emocional. Estas personas también pueden tener baja autoestima, un autoconcepto negativo y dificultades para gestionar el estrés.

Además de moldear la dinámica interpersonal, la teoría del apego también arroja luz sobre el desarrollo de rasgos de personalidad y patrones de comportamiento específicos. Por ejemplo, las personas con un estilo de apego seguro suelen demostrar una mayor apertura a nuevas experiencias, mayor inteligencia emocional y una perspectiva más positiva de la vida. Por otro lado, quienes tienen un apego inseguro pueden exhibir rasgos como dependencia, desconfianza y una tendencia a la volatilidad emocional. Asimismo, la teoría del apego ofrece información sobre la formación de mecanismos de afrontamiento, mecanismos de defensa y adaptabilidad ante el estrés y la adversidad.

Comprender el impacto del apego en la personalidad es crucial en diversos ámbitos, como la psicología clínica, la terapia y el trabajo social. Los profesionales de la salud mental aprovechan este conocimiento para diseñar intervenciones que aborden los problemas subyacentes relacionados con el apego y promuevan un desarrollo saludable de la personalidad. Al reconocer la influencia de las experiencias tempranas de apego, los terapeutas pueden ayudar a las personas a gestionar sus desafíos interpersonales y a cultivar una mayor autoconciencia y resiliencia emocional.

Sistemas conductuales en la teoría del apego

Los sistemas conductuales abarcan una gama de estrategias y comportamientos adaptativos que los individuos emplean para gestionar su entorno social y establecer y mantener relaciones interpersonales. Estos sistemas están profundamente entrelazados con los procesos de apego y contribuyen significativamente al estilo general de apego de un individuo.

Uno de los sistemas conductuales centrales dentro de la teoría del apego es el sistema de cuidado, que se refiere a la crianza, protección y provisión de otros, particularmente en el contexto de las responsabilidades de cuidado hacia los hijos o seres queridos. Este sistema no solo influye en la capacidad de empatía y receptividad de una persona, sino que también desempeña un papel crucial en la configuración de sus conductas de cuidado. Además, la exploración del sistema de cuidado desentraña la compleja red de influencias que impactan la capacidad de una persona para formar apegos seguros y entablar relaciones enriquecedoras.

Por otro lado, el sistema conductual del apego encarna la necesidad intrínseca de proximidad y apoyo de las figuras de apego, actuando como motor de la búsqueda de consuelo, tranquilidad y seguridad en momentos de angustia o incertidumbre. Implica comportamientos y estrategias destinados a establecer y mantener la conexión y la cercanía con las figuras de apego primarias, fomentando así sentimientos de seguridad y bienestar emocional. Una comprensión profunda del sistema conductual del apego facilita un análisis exhaustivo de los patrones y reacciones de apego, arrojando luz sobre las motivaciones subyacentes tras los comportamientos y respuestas de apego de una persona.

La exploración de la conducta exploratoria y la formación de relaciones con los pares ilustra la importancia de la sociabilidad, la curiosidad y la interacción en el desarrollo de vínculos de apego y conexiones interpersonales. Este sistema abarca el impulso innato de exploración, la interacción social y el cultivo de relaciones con los pares, mostrando cómo estos factores se entrelazan con los procesos de apego para moldear el desarrollo social y emocional del individuo. Comprender las manifestaciones e implicaciones de la conducta exploratoria ofrece valiosas perspectivas sobre la naturaleza multifacética del apego y su profundo impacto en la integración social y la adaptabilidad del individuo.

Relevancia y aplicaciones modernas del apego para comprender el comportamiento humano

La teoría del apego ha demostrado, a lo largo de los años, ser muy relevante para comprender el comportamiento humano en diversos contextos. Una de sus aplicaciones modernas clave reside en su conexión con la salud mental. Numerosos estudios empíricos han establecido una fuerte asociación entre las experiencias tempranas de apego y el bienestar psicológico de una persona a lo largo de su vida. Las personas que han formado vínculos de apego seguros en la infancia muestran una mayor regulación emocional, mayor autoestima y mejores relaciones interpersonales en la edad adulta. Por el contrario, los vínculos de apego inseguros se han vinculado a una mayor susceptibilidad a la ansiedad, la depresión y los trastornos de la personalidad. Esta perspectiva ha influido significativamente en el campo de la psicología clínica, donde los profesionales utilizan la teoría del apego para fundamentar intervenciones terapéuticas y enfoques de tratamiento. Además, la relevancia de la teoría del apego se extiende más allá del ámbito clínico y tiene implicaciones sociales más amplias. El estilo de apego de una persona puede influir en su comportamiento en entornos educativos, profesionales y sociales. Comprender el propio estilo de apego puede proporcionar información valiosa sobre su enfoque del aprendizaje, la toma de decisiones, el liderazgo y la resolución de conflictos. Las organizaciones e instituciones reconocen cada vez más la importancia de la teoría del apego en la configuración de la dinámica de grupo, la colaboración en equipo y la cultura organizacional. En el contexto de la crianza y el cuidado infantil, la teoría del apego ha revolucionado las prácticas de cuidado al enfatizar la importancia de las interacciones receptivas y sensibles entre cuidadores y niños. Este cambio de paradigma ha sentado las bases para estrategias de crianza basadas en el apego que priorizan las necesidades emocionales de los niños y promueven vínculos de apego seguros. Además, la teoría del apego ha demostrado su relevancia en diversos contextos culturales, destacando patrones universales de comportamiento de apego y reconociendo las variaciones culturales en las prácticas de cuidado y las normas de apego. La adaptabilidad y universalidad de la teoría del apego la convierten en un marco sólido para comprender el comportamiento humano en diferentes sociedades.

Mitos comunes sobre la teoría del apego

Uno de los mitos comunes en torno a la teoría del apego es que implica que los padres deben ser perfectos para fomentar un apego seguro en sus hijos. Esta idea errónea suele generar sentimientos de culpa e incompetencia en los padres, quienes creen que cualquier error en el cuidado tendrá efectos negativos duraderos en la seguridad del apego de sus hijos. Sin embargo, la teoría del apego reconoce que los cuidadores no necesitan ser impecables; más bien, subraya la importancia de brindar un cuidado constante, sensible y receptivo como base para unas relaciones de apego saludables.

Otro mito común es que los patrones de apego se establecen durante la infancia y no se pueden cambiar posteriormente. Esta visión determinista socava la capacidad de las personas para desarrollar e internalizar estilos de apego seguros mediante intervenciones terapéuticas, relaciones de apoyo y autoconocimiento. Las investigaciones han demostrado que, de hecho, las personas pueden modificar sus comportamientos de apego y formar vínculos más seguros mediante programas de intervención y desarrollo personal.

Además, algunos conceptos erróneos sugieren que la teoría del apego solo se aplica a las relaciones entre padres e hijos, ignorando su relevancia para las relaciones románticas, las amistades y las interacciones profesionales en la edad adulta. Contrariamente a esta creencia, la teoría del apego postula que sus principios fundamentales —como la búsqueda de proximidad, la sensación de seguridad y la regulación emocional— se extienden a todas las relaciones interpersonales a lo largo de la vida. Comprender estas dinámicas puede fundamentar intervenciones y estrategias para mejorar el bienestar relacional en diversos contextos.

También se asume erróneamente que la teoría del apego culpa a los padres o cuidadores por las inseguridades de apego que experimentan las personas. Sin embargo, la teoría del apego enfatiza el papel de las experiencias tempranas y el entorno de cuidado en la formación de patrones de apego, sin atribuir culpas ni culpar a individuos específicos. En lugar de centrarse en la atribución de culpa, la teoría del apego fomenta una comprensión compasiva de cómo las experiencias tempranas influyen en los estilos de apego y promueve intervenciones de apoyo para facilitar apegos seguros.

Finalmente, un malentendido común es que la teoría del apego ignora las diferencias individuales y la diversidad en los patrones de apego, lo que lleva a categorizaciones demasiado simplistas. En realidad, la teoría del apego reconoce la complejidad y variabilidad de las experiencias de apego, permitiendo diversas expresiones de la conducta de apego influenciadas por factores culturales, sociales y personales. Reconocer esta diversidad fortalece la capacidad de la teoría para abarcar y abordar los matices de la dinámica del apego en diferentes poblaciones y contextos.

Comparaciones con otras teorías psicológicas

Al examinar la Teoría del Apego, es vital contrastar sus conceptos y postulados con otras teorías psicológicas prevalecientes para dilucidar sus características distintivas y contribuciones al campo de la psicología. Cabe destacar que una comparación prominente radica en contrastar la Teoría del Apego con las teorías psicodinámicas, particularmente aquellas desarrolladas por Sigmund Freud. Mientras que las teorías freudianas enfatizan el papel de los motivos e impulsos inconscientes, la Teoría del Apego se centra en la formación e impacto de las relaciones interpersonales, específicamente dentro del contexto de las experiencias tempranas de cuidado. Esta distinción subraya un énfasis inherente en los vínculos sociales y las conexiones emocionales dentro de la Teoría del Apego, ofreciendo una comprensión integral del comportamiento humano. Además, cuando se yuxtapone con teorías cognitivas como la teoría del desarrollo cognitivo de Piaget, la Teoría del Apego demuestra su enfoque único en el dominio socioemocional, destacando la importancia de la seguridad emocional y la capacidad de respuesta del cuidador en la formación del desarrollo cognitivo y emocional de un individuo. Además, el análisis comparativo con las teorías conductuales revela que, si bien ambas perspectivas reconocen la influencia de los factores ambientales, la Teoría del Apego pone especial énfasis en la calidad de las relaciones interpersonales y su impacto en el bienestar psicológico del individuo. Asimismo, la intersección de la Teoría del Apego con la psicología evolutiva contemporánea dilucida las funciones adaptativas y el valor de supervivencia de las conductas de apego. Esta perspectiva interdisciplinaria enfatiza cómo los patrones de apego sirven como mecanismos biológicos que facilitan el mantenimiento y la protección de la proximidad, lo que subraya el papel crucial de los procesos de apego en la aptitud evolutiva. Es importante destacar que estas comparaciones subrayan las características únicas de la Teoría del Apego y su enfoque integrador para comprender el comportamiento humano, basándose en diversos paradigmas psicológicos y enfatizando el impacto de las relaciones tempranas en el desarrollo psicológico y emocional de los individuos.

CONTEXTO HISTÓRICO Y DESARROLLO

Influencias psicoanalíticas

En el campo de la psicología del desarrollo, la influencia de las teorías psicoanalíticas fue profunda al sentar las bases para el surgimiento de la teoría moderna del apego. Las obras pioneras de Sigmund Freud, en particular su énfasis en la importancia de las experiencias de la primera infancia y la relación madre-hijo, sirvieron como precursoras de la posterior formulación de la teoría del apego. Las conceptualizaciones de Freud sobre la sexualidad infantil, el inconsciente y el impacto de las experiencias tempranas en el desarrollo psicológico sentaron las bases para que académicos e investigadores profundizaran en las complejidades de la dinámica del apego. Además, el trabajo de psicoanalistas influyentes como Melanie Klein y Donald Winnicott enriqueció aún más el discurso sobre las experiencias relacionales tempranas y su impacto en la formación de la personalidad. El concepto de Klein del "modelo interno de trabajo" y las teorías de Winnicott sobre la provisión materna y el entorno de contención contribuyeron significativamente a la evolución de la comprensión de los procesos de apego y las interacciones entre cuidadores e hijos. Sus ideas prefiguraron los principios fundamentales de la teoría del apego, impulsando posteriores investigaciones empíricas y avances teóricos. Al examinar las influencias familiares y ambientales en el desarrollo emocional, los pensadores psicoanalíticos allanaron el camino para la transición de las explicaciones basadas en el instinto a una comprensión más amplia de las dimensiones socioemocionales de los vínculos humanos.

El papel de la etología en la configuración de la teoría del apego

La etología, campo de estudio que se centra en el comportamiento de los organismos vivos en sus entornos naturales, desempeñó un papel crucial en la formación de las bases de la teoría del apego. El trabajo pionero de etólogos como Konrad Lorenz y Nikolaas Tinbergen proporcionó importantes perspectivas sobre el comportamiento animal y su relevancia para el comportamiento humano, lo que influyó enormemente en el desarrollo de la teoría del apego. Los estudios de Lorenz sobre la impronta en gansos, por ejemplo, destacaron la naturaleza innata de ciertas conductas de apego y sentaron las bases para comprender el período crítico del apego infantil humano. Este concepto se incorporó posteriormente a la teoría del apego de John Bowlby, enfatizando la importancia del vínculo temprano y su impacto en el desarrollo socioemocional posterior. La investigación de Tinbergen sobre patrones de acción fijos y liberadores también contribuyó a la comprensión de las conductas instintivas y su papel en el apego humano. Esta perspectiva etológica proporcionó un valioso marco para comprender la función adaptativa de las conductas de apego y su importancia evolutiva. Además, las observaciones etológicas del cuidado materno animal y las interacciones con las crías proporcionaron paralelismos para comprender la dinámica del cuidado y el apego en humanos. Estos estudios comparativos ayudaron a los investigadores a reconocer patrones universales de apego en diferentes especies, reforzando la idea de que el apego es un aspecto fundamental del desarrollo biológico y psicológico. El enfoque etológico también subrayó la importancia del entorno en la configuración de las conductas de apego, arrojando luz sobre la interacción entre las predisposiciones genéticas y las influencias ambientales. Al integrar los principios etológicos, la teoría del apego trascendió los marcos psicológicos tradicionales y ofreció una comprensión más completa del apego humano como producto de factores tanto biológicos como ambientales. Este enfoque interdisciplinario enriqueció la base teórica de la teoría del apego, contribuyendo a su amplia influencia en la psicología del desarrollo y campos relacionados. En esencia, el papel de la etología en la configuración de la teoría del apego no solo proporcionó un respaldo empírico esencial, sino que también amplió el alcance de la investigación, estableciendo finalmente la teoría del apego como un marco fundamental para comprender el desarrollo social y emocional humano.

Estudios observacionales - Interacciones madre-hijo

Los estudios observacionales han desempeñado un papel fundamental para desentrañar las complejidades de las interacciones madre-hijo y su profundo impacto en la formación del apego. Un estudio fundamental realizado por Mary Ainsworth y sus colegas del Centro de Desarrollo Infantil de la Universidad de Virginia fue pionero en el experimento "Situación Extraña", que proporcionó un marco estructurado para evaluar los patrones de apego infantil. Esta innovadora metodología revolucionó la comprensión de la sensibilidad materna, la receptividad infantil y el desarrollo de estilos de apego seguro e inseguro. Además, esclareció el papel crucial de la disponibilidad y la receptividad del cuidador en la formación del sentido de seguridad y exploración del niño. El uso de paradigmas observacionales ha revelado aún más la naturaleza bidireccional de las interacciones madre-hijo, destacando cómo los niños contribuyen activamente al establecimiento de vínculos de apego mediante señales, indicios y expresiones de necesidades. Estos estudios han subrayado la importancia de la comunicación no verbal, como el tacto, la mirada y la proximidad, para fomentar una base segura para la exploración del entorno por parte del bebé. Además, la investigación observacional longitudinal ha resaltado los efectos de las interacciones tempranas entre madre e hijo en el desarrollo socioemocional posterior, enfatizando la continuidad del apego a lo largo de la vida. Al capturar meticulosamente la dinámica de estas interacciones, los investigadores han podido discernir las sutiles diferencias entre los patrones de apego seguro, ansioso y evitativo, lo que proporciona información invaluable sobre las trayectorias de desarrollo infantil. A medida que la tecnología y las colaboraciones interdisciplinarias continúan avanzando, los estudios observacionales están aprovechando métodos innovadores, como la neuroimagen y las mediciones fisiológicas, para profundizar nuestra comprensión de los mecanismos neuronales que sustentan los procesos de apego.

Transición de las teorías del comportamiento a los constructos del apego

A mediados del siglo XX, se produjo un cambio significativo en el campo de la psicología, en particular en el ámbito del desarrollo infantil y la conducta social. Esta transición marcó un punto de inflexión crucial, ya que las teorías conductuales del condicionamiento y el refuerzo dieron paso a una comprensión más holística y matizada del apego y la vinculación humana. La evolución del conductismo a los constructos de apego significó un cambio en la visión de las relaciones interpersonales como meros productos de respuestas aprendidas, para reconocer la profunda influencia de las conexiones emocionales y las experiencias de cuidado en el desarrollo individual.

Los paradigmas conductistas predominantes, defendidos por psicólogos como B.F. Skinner, enfatizaban el papel de los estímulos ambientales en la configuración de las conductas observables. Si bien estos principios contribuyeron sin duda a nuestra comprensión del aprendizaje y la adquisición de acciones específicas, no lograron captar la dinámica del afecto, la confianza y la seguridad humanos en las relaciones. Se hizo evidente que los modelos conductistas tradicionales eran insuficientes para dilucidar las complejidades de la formación del apego y sus efectos perdurables a lo largo de la vida.

En este contexto, investigadores y académicos pioneros, como John Bowlby, Mary Ainsworth y Harry Harlow, lideraron una reimaginación transformadora de los vínculos humanos. Un aspecto central de este cambio de paradigma fue el reconocimiento de las predisposiciones biológicas innatas y la importancia de las interacciones tempranas entre cuidadores e hijos en la formación del bienestar emocional. Los principios teóricos de la etología, el psicoanálisis y la psicología cognitiva convergieron para proporcionar un marco más integral para comprender los procesos de apego. El énfasis se trasladó de los refuerzos puramente externos a los modelos de funcionamiento internos y las representaciones internas de las relaciones, elementos clave que sustentan la teoría del apego.

La constatación de que los bebés y niños pequeños buscan activamente la proximidad con sus cuidadores no solo por necesidades físicas, sino también por seguridad emocional, subrayó la insuficiencia de las explicaciones conductistas por sí solas. La transición de las teorías conductuales a los constructos de apego implicó, por lo tanto, un cambio fundamental de perspectiva: de la modificación de la conducta al reconocimiento de la necesidad humana inherente de conexión y vínculo. Este cambio sentó las bases para una comprensión más holística del desarrollo humano.

Investigación y experimentos

Estudios pioneros realizados por investigadores como Mary Ainsworth, Harry Harlow y Konrad Lorenz han aportado información invaluable sobre la naturaleza y el impacto de los apegos tempranos. Una de las investigaciones más influyentes en este ámbito es el estudio "Situación extraña" de Ainsworth, que clasificó el apego infantil en diferentes categorías: seguro, inseguro-evitativo o inseguro-ambivalente/resistente. Este trabajo fundamental sentó las bases para una mayor exploración de los patrones de apego y sus implicaciones para el desarrollo posterior. Los estudios de Harry Harlow sobre crías de monos rhesus demostraron los profundos efectos del aislamiento social y la privación materna en el funcionamiento emocional y social, destacando el papel fundamental del cuidado y la crianza en un desarrollo psicológico saludable. Además, la investigación de Konrad Lorenz sobre la impronta en gansos y patos arrojó luz sobre los procesos instintivos que subyacen a la formación de vínculos tempranos, destacando la importancia evolutiva de las conductas de apego. Además de estos estudios clásicos, la investigación contemporánea que utiliza metodologías avanzadas como la neuroimagen y las evaluaciones longitudinales ha profundizado nuestra comprensión de los mecanismos neuronales que sustentan el apego y los resultados a largo plazo asociados con las experiencias relacionales tempranas. Asimismo, estudios experimentales que exploran los efectos de las intervenciones dirigidas a mejorar la sensibilidad y la capacidad de respuesta parental han demostrado el potencial de generar cambios positivos en la seguridad del apego y el bienestar general del niño. La culminación de estas investigaciones pioneras ha ampliado el alcance de la teoría del apego, orientando la práctica clínica y la formulación de políticas relacionadas con el bienestar infantil y el apoyo familiar.

Influencia de la Segunda Guerra Mundial en las prácticas de cuidado infantil y el apego

La Segunda Guerra Mundial tuvo un profundo impacto en las prácticas de cuidado infantil y, posteriormente, en el desarrollo de la teoría del apego. La conmoción generalizada causada por la guerra provocó cambios significativos en la dinámica familiar, ya que muchos padres se alistaron en el servicio militar, dejando a las madres a cargo del cuidado primario. Este cambio en las responsabilidades de cuidado impulsó a los investigadores a investigar los efectos de la separación materna en el desarrollo infantil. Estudios realizados durante y después de la guerra, como los de René Spitz y John Bowlby, aportaron información crucial sobre las consecuencias adversas de las separaciones prolongadas y la crianza institucional en el bienestar emocional y psicológico de los niños.

Las observaciones realizadas durante este período pusieron de relieve los efectos perjudiciales del cuidado parental inadecuado o interrumpido, sentando las bases para comprender la importancia de un cuidado consistente y receptivo para fomentar apegos seguros. El contexto bélico también despertó el interés por los mecanismos mediante los cuales los niños forjaban vínculos emocionales con sus cuidadores en tiempos de adversidad, lo que arrojó luz sobre la evolución de las conductas de apego como respuestas adaptativas a entornos desafiantes.

Las experiencias de guerra o desplazamiento impulsaron a los académicos a explorar las implicaciones del trauma y la pérdida en los patrones de apego de los niños. Estas investigaciones allanaron el camino para reconocer la compleja interacción entre las experiencias tempranas, las influencias ambientales y el desarrollo socioemocional a largo plazo. Cabe destacar que las investigaciones realizadas durante y después de la Segunda Guerra Mundial desempeñaron un papel fundamental en la definición de los postulados teóricos de la teoría del apego, subrayando la importancia de la relación entre el cuidador y el niño para mitigar los efectos adversos del estrés y la inestabilidad.

Las secuelas de la guerra también impulsaron debates sobre las actitudes sociales hacia las prácticas de crianza y sus implicaciones más amplias para los sistemas de apoyo familiar y comunitario. Académicos y profesionales comenzaron a abogar por políticas e intervenciones destinadas a promover vínculos afectivos seguros y atender las necesidades emocionales de los niños afectados por las turbulentas condiciones de la guerra.

Integración con perspectivas cognitivas y psicodinámicas

La psicología cognitiva, centrada en procesos mentales como la percepción, la atención, la memoria y la resolución de problemas, ha aportado valiosas perspectivas sobre los mecanismos subyacentes a las conductas relacionadas con el apego. Desde una perspectiva cognitiva, los estilos de apego pueden considerarse modelos internos de funcionamiento que configuran las expectativas de las personas sobre sí mismas y sobre los demás en sus relaciones. Estas representaciones mentales influyen en cómo las personas perciben e interpretan las señales sociales, lo que a su vez afecta a sus conductas relacionadas con el apego. Además, las teorías cognitivas han dilucidado el papel de los procesos de atribución en la configuración de los patrones de apego, destacando el impacto de las interpretaciones subjetivas de las experiencias interpersonales. La intersección de la teoría del apego con la psicología cognitiva ha arrojado luz sobre los procesos cognitivos que sustentan la formación, el mantenimiento y la modificación de los vínculos de apego.

Por otro lado, la integración de la teoría del apego con las perspectivas psicodinámicas, arraigadas en las tradiciones del psicoanálisis, ha profundizado nuestra comprensión de las dimensiones emocionales e inconscientes del apego. Un aspecto central de la perspectiva psicodinámica es la noción de impulsos y conflictos inconscientes que influyen en el comportamiento y las relaciones humanas. Las teorías psicodinámicas han subrayado la importancia de las experiencias de la primera infancia, en particular las interacciones entre padres e hijos, en la configuración del desarrollo emocional y los patrones de apego de los individuos. Al explorar las motivaciones inconscientes y los conflictos no resueltos que subyacen a la dinámica del apego, las perspectivas psicodinámicas han esclarecido la interacción entre las experiencias pasadas, los procesos intrapsíquicos y los patrones relacionales actuales. Además, el concepto de transferencia, un constructo clave en la teoría psicodinámica, se ha aplicado para comprender la recreación de las relaciones de apego tempranas en contextos interpersonales adultos. Esta perspectiva ha ofrecido valiosas perspectivas sobre cómo las experiencias de apego pasadas continúan resonando en las relaciones adultas, configurando las respuestas emocionales y la dinámica relacional de los individuos.

Surgimiento de figuras clave y colaboraciones

Durante la evolución de la teoría del apego, numerosos investigadores y clínicos desempeñaron un papel fundamental en la definición y el perfeccionamiento de sus conceptos fundamentales. Una de estas figuras influyentes es Mary Ainsworth, cuyo extenso trabajo sobre la sensibilidad materna, las interacciones madre-bebé y el desarrollo del procedimiento de la Situación Extraña supuso avances sustanciales en nuestra comprensión de los patrones de apego. La innovadora investigación de Ainsworth no solo proporcionó evidencia empírica para la clasificación de los estilos de apego, sino que también sentó las bases para estudios posteriores sobre el impacto del apego seguro en el desarrollo infantil.

Otra figura destacada en la historia de la teoría del apego es Mary Main, cuyo desarrollo de la Entrevista de Apego para Adultos (EAA) amplió el alcance de la investigación sobre el apego para abarcar las relaciones adultas y sus experiencias tempranas de apego. Las contribuciones de Main facilitaron la exploración de cómo los patrones de apego infantil se manifiestan en las relaciones interpersonales adultas, arrojando luz sobre la continuidad del apego a lo largo de la vida.

Las colaboraciones en el campo de la teoría del apego también han sido fundamentales para avanzar en nuestra comprensión de las relaciones humanas. La colaboración entre John Bowlby y el psiquiatra James Robertson dio lugar a estudios fundamentales sobre los efectos de la separación materna y la importancia de la presencia del cuidador para promover un apego seguro. Esta colaboración subrayó la importancia de la investigación observacional para dilucidar la dinámica del apego y sentó las bases para estudios posteriores que examinaron el impacto de las experiencias tempranas en el funcionamiento social y emocional posterior.

La colaboración interdisciplinaria entre teóricos del apego, neurocientíficos y psicólogos del desarrollo ha generado valiosos conocimientos sobre las bases neurológicas de los procesos de apego. Mediante la integración de los hallazgos neurobiológicos con los principios del apego, los investigadores han adquirido una comprensión más completa de cómo las experiencias relacionales tempranas moldean el desarrollo cerebral e influyen en el funcionamiento socioemocional.

El establecimiento de la teoría del apego como piedra angular de la psicología del desarrollo

La teoría del apego ha tenido un profundo impacto en diversos ámbitos de la psicología, como el desarrollo infantil, la psicología social y la práctica clínica. Un aspecto central de esta influencia es la noción de que las experiencias tempranas con los cuidadores primarios desempeñan un papel crucial en la configuración del desarrollo emocional y social de una persona a lo largo de su vida. La importancia de la teoría del apego se ve subrayada por su perdurable relevancia y aplicabilidad. Proporciona una perspectiva poderosa a través de la cual examinar las complejidades de las relaciones humanas, las dinámicas de cuidado y el bienestar emocional. Además, los principios teóricos del apego no solo han enriquecido nuestra comprensión del desarrollo normal, sino que también han fundamentado intervenciones terapéuticas para personas con dificultades relacionales o emocionales, lo que ilustra su utilidad práctica. La prevalencia y el impacto de la teoría del apego en diversas áreas de la psicología confirman su estatus como un pilar indispensable de la investigación del desarrollo. A través de la investigación empírica y las observaciones clínicas, la teoría del apego ha aportado valiosos conocimientos sobre los mecanismos subyacentes a los vínculos interpersonales, los efectos de la adversidad temprana en el funcionamiento psicológico y las estrategias adaptativas que las personas emplean para gestionar las conexiones sociales. Al dilucidar la naturaleza de los patrones de apego y sus implicaciones para la salud mental, la teoría del apego ha mejorado significativamente nuestra comprensión del comportamiento humano y la regulación emocional. Además, su integración con los hallazgos neurobiológicos ha arrojado luz sobre las bases neurodesarrollistas de los procesos de apego, ofreciendo una comprensión integral de la interacción entre la biología y el entorno en la configuración del apego humano.

JOHN BOWLBY Y LA GÉNESIS DE LOS ESTUDIOS DEL APEGO

Vida temprana e influencias

Nacido en Londres en 1907 en el seno de una familia influyente e intelectual, John Bowlby se crio en un entorno enriquecedor que alimentó su curiosidad por el comportamiento y las relaciones humanas. Su padre, Sir Anthony Bowlby, fue un reconocido cirujano, mientras que su madre, May Bowlby, provenía de una familia de reformadores sociales y activistas. Esta combinación de influencias médicas y humanitarias indudablemente influyó en la formación del enfoque multifacético de Bowlby para comprender las complejidades del apego humano.

La educación temprana de Bowlby en instituciones prestigiosas como el Trinity College de Cambridge lo expuso a una amplia gama de intereses intelectuales. Mientras estudiaba ciencias preclínicas, se inclinó por disciplinas que integraban aspectos de la biología, la psicología y la antropología, sentando las bases para su enfoque interdisciplinario en la investigación psicológica posterior. Los campos emergentes de la etología y el psicoanálisis captaron su atención, brindándole perspectivas sobre la naturaleza fundamental de los vínculos humanos y el desarrollo emocional.

Por otra parte, la exposición de Bowlby a las obras de Sigmund Freud y otros psicólogos prominentes durante sus años académicos influyó profundamente en su orientación filosófica hacia el estudio del comportamiento humano. La interacción entre la naturaleza y la crianza, así como la importancia de las experiencias tempranas en la formación de la personalidad individual, se convirtieron en temas recurrentes en sus trabajos académicos posteriores. Además, su interacción con el concepto emergente del determinismo ambiental despertó su interés por investigar cómo las experiencias de la primera infancia impactan la salud mental y el funcionamiento social en la edad adulta.

Sus años de formación también estuvieron marcados por frecuentes interacciones con personas de diversos orígenes culturales, gracias a la participación de su familia en la filantropía y el servicio público. Estos encuentros ampliaron su perspectiva sobre las relaciones humanas y reforzaron su compromiso con la comprensión de los elementos universales del apego en diferentes sociedades. Es evidente que las experiencias de la primera infancia de Bowlby, junto con su ecléctica trayectoria académica, allanaron el camino para sus innovadoras teorías sobre el apego y el desarrollo humano.

Formación y antecedentes académicos

El primer contacto de Bowlby con el campo de la psicología tuvo lugar durante sus años de estudiante en el Trinity College de Cambridge. Sus estudios de ciencias naturales le permitieron profundizar en diversas disciplinas, como la biología, la psicología y la etología. Este enfoque multidisciplinario no solo perfeccionó sus habilidades analíticas, sino que también despertó en él un temprano interés por la intersección del comportamiento humano y los principios evolutivos.

Tras finalizar su licenciatura, Bowlby se embarcó en nuevas carreras académicas y obtuvo el título de médico en el University College Hospital de Londres. Su formación médica le inculcó una profunda comprensión de la fisiología humana y las complejidades de la salud mental, lo que sentó una base sólida para sus posteriores contribuciones a la psicología del desarrollo. Fue durante este período que Bowlby comenzó a integrar sus conocimientos médicos con las teorías psicológicas, sentando las bases para su revolucionaria investigación sobre el apego.

Además, las primeras experiencias profesionales de Bowlby enriquecieron enormemente su desarrollo académico. Su trabajo en psiquiatría infantil le expuso al profundo impacto de las relaciones tempranas en el bienestar emocional de los niños, lo que despertó en él un profundo interés por profundizar en los mecanismos que subyacen a estos vínculos formativos. Esta experiencia práctica impulsó aún más su determinación de superar la brecha entre la observación clínica y los constructos teóricos, impulsándolo hacia un enfoque más holístico e integral para comprender el apego humano.

La inmersión de Bowlby en la Sociedad Psicoanalítica Británica le proporcionó una perspectiva invaluable sobre las teorías psicoanalíticas predominantes en la época. Su interacción con figuras prominentes del campo amplió su perspectiva y fomentó la reflexión crítica sobre los paradigmas existentes del desarrollo y la conducta humana. Estos intercambios finalmente influirían en su alejamiento de las perspectivas psicoanalíticas tradicionales, culminando en la formulación de su pionera teoría del apego.

Incursiones iniciales en la psicología del desarrollo

Tras completar su formación académica, John Bowlby emprendió una notable trayectoria en la psicología del desarrollo que transformaría para siempre el panorama de la investigación psicológica. Sus primeras experiencias como estudiante de medicina en la Universidad de Cambridge y su posterior formación psicoanalítica bajo la tutela de Melanie Klein sentaron las bases de sus futuras contribuciones al campo. Su profundo interés por el desarrollo emocional infantil lo llevó a examinar críticamente los modelos predominantes de apego humano y privación materna. Esta fase exploratoria marcó el inicio de una búsqueda que duraría toda la vida para desentrañar las complejidades de las relaciones humanas y su impacto en el bienestar emocional.

En sus primeras incursiones en la psicología del desarrollo, Bowlby profundizó en las teorías emergentes de la etología, en particular en la obra de Konrad Lorenz. El estudio del comportamiento animal proporcionó información invaluable sobre los fundamentos biológicos y evolutivos del apego humano, lo que alimentó su concepto pionero del sistema innato de comportamiento de apego. Inspirándose en los estudios etológicos, Bowlby reconoció la naturaleza universal de las conductas de apego en diferentes especies, sentando las bases de su revolucionaria teoría.

Durante este período formativo, Bowlby buscó conectar el psicoanálisis con la investigación empírica, abogando así por un enfoque más interdisciplinario para comprender el comportamiento humano. Su interacción con diversos campos, como la biología evolutiva, la psicología cognitiva y la antropología social, ejemplificó su compromiso con el desarrollo de un marco holístico para comprender la dinámica del apego. Este enfoque integrador sentó las bases para un cambio de paradigma en la psicología del desarrollo, fomentando la apreciación de las múltiples influencias que configuran los patrones de apego.

La temprana exploración de Bowlby en el ámbito de la psicología del desarrollo subrayó su perdurable curiosidad y rigor intelectual. Mediante una revisión meticulosa de la literatura existente y la síntesis de disciplinas dispares, comenzó a cristalizar los principios fundamentales de la teoría del apego. La combinación de constructos teóricos, evidencia empírica y observaciones clínicas impulsó a Bowlby a reevaluar las nociones convencionales de crianza, cuidado materno y desarrollo infantil.

Colaboración con Mary Ainsworth

La colaboración de John Bowlby con Mary Ainsworth marcó un hito en la historia de los estudios sobre el apego. Ainsworth, psicóloga del desarrollo estadounidense-canadiense, compartía la pasión de Bowlby por comprender la dinámica de las relaciones entre padres e hijos y su impacto en el desarrollo humano. La sinergia entre su experiencia e intereses de investigación dio lugar a contribuciones pioneras en el campo de la teoría del apego. Su colaboración se caracterizó por un compromiso compartido con la investigación empírica y una profunda comprensión de las complejidades del vínculo afectivo temprano. Juntos, fueron pioneros en metodologías innovadoras que revolucionaron la evaluación de los patrones de apego en bebés y niños pequeños.

El experimento "Situación Extraña" de Ainsworth, realizado en colaboración con Bowlby, amplió significativamente la comprensión de la dinámica del apego entre bebés y cuidadores. Este estudio fundamental proporcionó información valiosa sobre la naturaleza del apego seguro e inseguro, sentando las bases para la clasificación de los estilos de apego que siguen influyendo en la psicología clínica y del desarrollo en la actualidad. Su colaboración también dio como resultado la formulación del concepto de "base segura", que enfatiza el papel de los cuidadores como anclas seguras para la exploración y el apoyo emocional.

Más allá de sus investigaciones, la colaboración entre Bowlby y Ainsworth se extendió a la difusión de sus hallazgos mediante publicaciones y presentaciones académicas. Sus publicaciones conjuntas, que incluyen artículos y libros influyentes, establecieron un marco integral para comprender las conductas de apego y sus implicaciones a largo plazo. Gracias a su trabajo conjunto, desafiaron eficazmente las ideas erróneas prevalecientes sobre la crianza y la importancia de las experiencias tempranas en el desarrollo socioemocional de las personas.

El legado de la colaboración entre Bowlby y Ainsworth reside en su mentoría recíproca y en el desarrollo de una vibrante comunidad académica dedicada al avance de la teoría del apego. Su espíritu colaborativo fomentó un entorno donde se acogieron diversas perspectivas, lo que dio lugar a enriquecedoras perspectivas teóricas e innovaciones metodológicas. Académicos y profesionales de todo el mundo siguen inspirándose en la fluida sinergia que caracterizó la colaboración entre Bowlby y Ainsworth, perpetuando su profundo impacto en la investigación y la práctica clínica del apego.

Formulación de la teoría del apego

La formulación de la Teoría del Apego por parte de John Bowlby marcó un hito significativo en el campo de la psicología del desarrollo. En esencia, la teoría buscaba dilucidar y comprender la naturaleza del vínculo que se forma entre los bebés y sus cuidadores principales, centrándose en cómo estas relaciones tempranas moldean e influyen en el desarrollo socioemocional del individuo. Basándose en diversas disciplinas como la etología, la biología evolutiva y el psicoanálisis, Bowlby propuso un marco que subrayaba la importancia fundamental del apego seguro para sentar las bases de un funcionamiento psicológico saludable y de unas relaciones interpersonales saludables a lo largo de la vida.

Un elemento central de la teoría era el concepto del «sistema conductual de apego», un conjunto de comportamientos y respuestas con raíces biológicas que evolucionó para garantizar la supervivencia y la protección de las crías. Bowlby postuló que este sistema innato funciona como un mecanismo de búsqueda de proximidad, impulsando a los bebés a buscar la cercanía y el contacto con sus figuras de apego en momentos de angustia o malestar. Además, enfatizó que la calidad del cuidado y la capacidad de respuesta del cuidador influyen profundamente en el desarrollo de modelos internos de trabajo, que sirven como representaciones cognitivas que guían las futuras interacciones sociales y la formación de relaciones posteriores.

Un principio esencial de la teoría de Bowlby fue la identificación de cuatro estilos de apego distintos: seguro, ansioso-ambivalente, ansioso-evitativo y desorganizado. Mediante estudios longitudinales e investigación observacional, Bowlby y sus colaboradores, en particular Mary Ainsworth, llevaron a cabo los pioneros experimentos de "situación extraña" para investigar empíricamente estos patrones de apego y sus implicaciones para el desarrollo infantil. Los hallazgos de estos estudios respaldaron empíricamente la existencia del fenómeno de base segura, en el que los bebés con apego seguro utilizaban a su cuidador como fuente de consuelo y exploración del entorno, mientras que los bebés con apego inseguro mostraban diversos grados de angustia y desapego.

Al desarrollar su teoría, Bowlby también subrayó el papel crucial de la sensibilidad y la capacidad de respuesta de los padres para fomentar un apego seguro. Sostuvo que el cuidado sensible, caracterizado por respuestas rápidas, contingentes y emocionalmente sintonizadas a las señales del bebé, constituye la piedra angular para fomentar apegos seguros. Además, Bowlby extendió la aplicabilidad de la teoría del apego más allá de la infancia, proponiendo que estas experiencias tempranas de apego continúan influyendo en las relaciones románticas, las amistades e incluso en la capacidad del individuo para regular sus emociones y afrontar la adversidad.

Estudios y experimentos

Los innovadores estudios y experimentos de John Bowlby en el campo de la teoría del apego revolucionaron nuestra comprensión del desarrollo infantil temprano y las relaciones entre padres e hijos. Su extensa investigación sentó las bases de numerosas indagaciones psicológicas sobre la naturaleza del apego humano, lo que condujo a profundas reflexiones que siguen influyendo en los estudios contemporáneos. El trabajo fundamental de Bowlby se centró en comprender los mecanismos y la dinámica de la formación del apego, explorar el impacto de las experiencias tempranas en los patrones emocionales y conductuales, y profundizar en las consecuencias a largo plazo de los estilos de apego. Uno de los estudios más influyentes realizados por Bowlby fue el «Estudio de los 44 ladrones», que investigó la correlación entre la privación materna y la delincuencia. Esta investigación pionera destacó el papel crucial de un apego seguro para mitigar la conducta antisocial, impulsando así avances significativos en los campos del bienestar infantil y la psicología. Además de los estudios empíricos, los innovadores experimentos de Bowlby, como la evaluación de la «situación extraña», desarrollada en colaboración con Mary Ainsworth, proporcionaron información invaluable sobre las relaciones entre bebés y cuidadores y las clasificaciones del apego. Estos experimentos no solo dilucidaron los distintos patrones de apego (seguro, ansioso-ambivalente, evitativo y desorganizado), sino que también destacaron la influencia de las interacciones tempranas en el desarrollo socioemocional individual. Además, mediante estudios longitudinales que rastrearon las trayectorias de niños con diferentes orientaciones de apego, Bowlby demostró cómo los apegos seguros generaban resiliencia, mientras que los apegos inseguros a menudo precipitaban dificultades psicológicas y sociales. La meticulosa metodología y las consideraciones éticas empleadas en los estudios de Bowlby establecieron un estándar de oro para la investigación futura en psicología del desarrollo, consolidando su estatus como pionero en el campo. Al fomentar una mayor conciencia del papel fundamental de las experiencias tempranas de vinculación, los estudios y experimentos de Bowlby han moldeado significativamente las intervenciones terapéuticas, las prácticas de orientación parental y las políticas institucionales destinadas a promover apegos saludables y entornos enriquecedores para los niños. De hecho, el impacto de los estudios y experimentos pioneros de Bowlby repercute en la continua integración de la teoría del apego en diversos ámbitos, desde la educación y la salud mental hasta el trabajo social y las políticas públicas.

Impacto en las políticas de bienestar infantil y familiar

Al arrojar luz sobre el papel fundamental de las relaciones tempranas entre cuidadores y niños en la formación de patrones emocionales y conductuales a lo largo de la vida, las teorías de Bowlby sentaron las bases para iniciativas políticas destinadas a fomentar vínculos de apego seguros dentro de las familias. Gobiernos y organizaciones de todo el mundo han incorporado las ideas de Bowlby en sus marcos de bienestar infantil, reconociendo la importancia de entornos estables y afectuosos para un desarrollo infantil óptimo. En particular, la teoría del apego ha inspirado las prácticas de acogida y adopción, enfatizando la necesidad de continuidad y estabilidad en las colocaciones de los niños para facilitar vínculos de apego saludables.

Además, el trabajo de Bowlby ha influido en los programas de apoyo familiar, destacando la importancia de la sensibilidad y la capacidad de respuesta de los padres para promover apegos seguros. Las intervenciones centradas en mejorar las habilidades de cuidado parental y fortalecer las relaciones entre padres e hijos se han basado en la teoría del apego, con el objetivo de prevenir experiencias adversas en la infancia y promover resultados positivos en el desarrollo. Asimismo, la comprensión de los problemas relacionados con el apego, como la ansiedad por separación y el trastorno reactivo del apego, ha fundamentado los servicios terapéuticos y de apoyo para niños y familias en riesgo, guiando intervenciones personalizadas para abordar las interrupciones subyacentes del apego.

La teoría del apego ha subrayado la importancia crucial de la intervención temprana y las medidas preventivas para mitigar los efectos a largo plazo de los apegos inseguros en el bienestar infantil. Esta concienciación ha llevado a la integración de prácticas basadas en el apego en la educación infantil temprana, los servicios de salud mental y el trabajo social, fomentando enfoques holísticos que priorizan la seguridad del apego y la resiliencia emocional. Además, las iniciativas políticas centradas en la baja parental, las disposiciones para el cuidado infantil y las políticas laborales favorables a la familia se han inspirado en los principios del apego, con el objetivo de fomentar el vínculo parental, reducir los factores de estrés y promover relaciones saludables entre padres e hijos.

Crítica y revisiones a la teoría original

La obra fundamental de John Bowlby y su formulación de la teoría del apego no han estado exentas de críticas y revisiones posteriores. Una crítica notable se refiere al posible sesgo cultural inherente a algunos de los primeros estudios que sentaron las bases de la teoría del apego. Los críticos argumentan que ciertas conductas de apego pueden interpretarse de forma diferente en diversos contextos culturales, lo que plantea dudas sobre la universalidad de los supuestos de la teoría.

Los académicos han expresado su preocupación por el enfoque del modelo original en la relación madre-hijo como determinante principal de los patrones de apego infantil. Este énfasis limitado en el cuidado materno ha sido criticado por ignorar las contribuciones de otros cuidadores y los factores socioecológicos más amplios que configuran el estilo de apego infantil. Como resultado, los investigadores contemporáneos han buscado ampliar el alcance de la teoría del apego para abarcar diversas estructuras familiares y dinámicas de cuidado más allá de las familias nucleares tradicionales.

Otro tema de controversia se refiere a la terminología y la clasificación de los estilos de apego. Algunos investigadores argumentan que la clasificación tripartita original de apego seguro, ansioso y evitativo ignora la complejidad y la fluidez de las conductas de apego. Con el tiempo, se han propuesto conceptualizaciones revisadas y dimensiones adicionales del apego, como el apego desorganizado o ambivalente, para captar mejor las variaciones sutiles en las relaciones de apego.

En respuesta a estas críticas, los investigadores también se han esforzado por integrar la teoría del apego con otros marcos teóricos para mejorar su capacidad explicativa. Por ejemplo, la intersección de la teoría del apego con la investigación neurobiológica ha proporcionado información valiosa sobre los mecanismos subyacentes de la formación del apego y su impacto en la regulación emocional y la psicopatología. Este enfoque interdisciplinario permite una comprensión más completa de la dinámica del apego, a la vez que aborda algunas de las limitaciones identificadas en la teoría original.

Los esfuerzos recientes se han centrado en extender la teoría del apego más allá de la infancia y la adolescencia, a la edad adulta, explorando la continuidad de los patrones de apego y sus implicaciones para las relaciones románticas y la salud mental. Al examinar los procesos de apego a lo largo de la vida, los investigadores han enriquecido el marco teórico y han arrojado luz sobre el impacto de las experiencias tempranas de apego en el funcionamiento adulto.

Legado y reconocimiento en la psicología moderna

En la psicología moderna, el legado de John Bowlby y su teoría del apego está profundamente arraigado tanto en los marcos teóricos como en las aplicaciones prácticas. El trabajo pionero de Bowlby ha dejado una huella imborrable en la comprensión del desarrollo humano, moldeando la investigación contemporánea y ofreciendo perspectivas invaluables sobre la naturaleza de las relaciones humanas. El legado de la teoría del apego de Bowlby se puede percibir en diversos ámbitos de la psicología, desde la práctica clínica hasta la psicología social y del desarrollo.

Uno de los legados más importantes de John Bowlby reside en el cambio de paradigma que inició en la forma en que los psicólogos perciben las experiencias de la primera infancia y su impacto en la vida adulta. Al dilucidar la importancia de los apegos seguros en la infancia como base para un funcionamiento emocional e interpersonal saludable, Bowlby transformó radicalmente el panorama de la psicología del desarrollo. Además, al destacar la necesidad humana inherente de conductas de búsqueda de proximidad y la formación de bases seguras, la teoría de Bowlby impulsó una comprensión más profunda de la dinámica de los vínculos afectivos, la crianza y el apego a lo largo de la vida.

El reconocimiento de las contribuciones transformadoras de Bowlby trasciende el ámbito académico y permea campos profesionales como el trabajo social, la consejería y la psicoterapia. Los profesionales de la salud mental recurren habitualmente a la teoría del apego de Bowlby para comprender y abordar los desafíos relacionales, los traumas y los trastornos emocionales que experimentan personas de diversas edades. Las aplicaciones terapéuticas de la teoría del apego han demostrado ser fundamentales para fundamentar intervenciones destinadas a fomentar apegos seguros en niños, abordar las interrupciones del apego en adultos y cultivar interacciones más saludables entre padres e hijos.

El profundo reconocimiento de la labor de Bowlby se ve reforzado por su integración en iniciativas de políticas públicas y prácticas de bienestar infantil. Gobiernos, organizaciones de defensa y agencias de bienestar infantil han adoptado los principios fundamentales de la teoría del apego para promover políticas y programas que priorizan la creación y preservación de entornos de apego seguros para niños y familias. Este reconocimiento confirma aún más el impacto sustancial del legado de Bowlby en la promoción del bienestar social y familiar a una escala social más amplia.

En el ámbito de la investigación empírica, la influencia de Bowlby sigue siendo palpable gracias a un amplio corpus académico dedicado a investigar las dimensiones matizadas de la dinámica del apego y sus implicaciones. Los investigadores contemporáneos continúan desarrollando el marco teórico de Bowlby, empleando metodologías sofisticadas para explorar la interacción entre los apegos tempranos y los resultados socioemocionales posteriores. Además, las colaboraciones interdisciplinarias han impulsado la aplicación de la teoría del apego a diversos contextos, abarcando perspectivas neurobiológicas, interculturales e intergeneracionales.

Influencia en la investigación contemporánea

A lo largo de las décadas, el trabajo pionero de John Bowlby en la teoría del apego ha ejercido una profunda influencia en la investigación contemporánea en psicología, sociología y campos afines. Un área donde las teorías de Bowlby siguen siendo influyentes es el estudio de los patrones de apego en adultos y sus implicaciones para las relaciones románticas y el bienestar. Los investigadores han utilizado las ideas de Bowlby para desarrollar marcos que permitan comprender cómo las experiencias tempranas de apego influyen en la capacidad de las personas para formar y mantener relaciones íntimas en la edad adulta. Al investigar los vínculos entre los estilos de apego y la satisfacción en las relaciones, así como el papel del apego en la resolución de conflictos y la regulación emocional, los académicos contemporáneos han ampliado las ideas originales de Bowlby y han arrojado luz sobre la importancia del apego a lo largo de la vida.

La aplicación de la teoría del apego a diversos contextos culturales ha sido un enfoque cada vez más relevante en la investigación contemporánea. Reconociendo que la dinámica del apego puede manifestarse de forma diferente en diversos entornos socioculturales, los investigadores han examinado cómo las normas, prácticas y valores culturales se intersectan con los procesos de apego. Este enfoque matizado no solo enriquece nuestra comprensión de la dinámica del apego más allá de las poblaciones occidentales, sino que también resalta la necesidad de considerar la diversidad cultural en la investigación psicológica y la práctica clínica. El énfasis de Bowlby en la universalidad de las necesidades de apego ha impulsado una rica línea de investigación sobre la interacción entre el apego y los factores culturales.

La investigación contemporánea ha profundizado en los fundamentos neurobiológicos del apego, aprovechando los avances en neurociencia para esclarecer los mecanismos neuronales implicados en la vinculación, el cuidado y la regulación emocional. Mediante la integración de conocimientos de estudios de neuroimagen, investigación genética y evaluaciones psicofisiológicas, los investigadores han dilucidado la interacción entre las predisposiciones genéticas, las experiencias tempranas y el funcionamiento cerebral en la formación del apego.

CONCEPTOS Y POSTULADOS CLAVE DE LA TEORÍA DEL APEGO

El sistema bioconductual y sus raíces en la evolución

1. Introducción:

El sistema bioconductual representa un aspecto fundamental del desarrollo y el funcionamiento humano, especialmente en el contexto del apego. Abarca una compleja interacción de procesos biológicos, conductuales y psicológicos que contribuyen a nuestra comprensión de las conductas y relaciones de apego. En esencia, el sistema bioconductual implica la coordinación entre las respuestas fisiológicas, las interpretaciones cognitivas y la dinámica relacional. Comprender este sistema es vital para comprender los mecanismos subyacentes a nuestras conductas de apego y su importancia evolutiva.

Uno de los componentes principales del sistema bioconductual es el aspecto fisiológico, que requiere una exploración de los procesos corporales que sustentan las conductas de apego. Estos procesos abarcan la regulación hormonal, la activación neuronal y la percepción sensorial, todos los cuales influyen en nuestras experiencias emocionales y conexiones interpersonales. Por ejemplo, la liberación de oxitocina, a menudo denominada la "hormona del vínculo", desempeña un papel crucial en la facilitación de las conductas relacionadas con el apego y en el fomento de sentimientos de confianza y seguridad. Además, el funcionamiento de regiones cerebrales clave, como la amígdala y la corteza prefrontal, influye significativamente en nuestras respuestas a los estímulos relacionados con el apego y en nuestra capacidad para formar y mantener relaciones significativas.

Además de sus fundamentos biológicos, el sistema bioconductual implica un componente conductual que abarca las acciones e interacciones observables dentro de las relaciones de apego.

Esta faceta abarca una amplia gama de comportamientos, como la búsqueda de proximidad, la exploración y la respuesta a señales de angustia, todos ellos útiles para promover y mantener los vínculos sociales. Al examinar estos comportamientos desde una perspectiva evolutiva, comprendemos mejor sus funciones adaptativas y su relevancia para la supervivencia y el éxito reproductivo de nuestros ancestros. Asimismo, el estudio de los patrones de comportamiento dentro de las relaciones de apego proporciona información valiosa sobre el desarrollo y el mantenimiento de vínculos seguros a lo largo de la vida.

Las dimensiones psicológicas del sistema bioconductual ofrecen una perspectiva única sobre cómo los procesos cognitivos influyen en las conductas y experiencias relacionadas con el apego. Los modelos internos de trabajo, que representan esquemas cognitivos derivados de experiencias de apego pasadas, configuran significativamente nuestras expectativas y comportamientos en las relaciones actuales y futuras. Explorar la formación y la modificabilidad de estas representaciones internas arroja luz sobre cómo las personas se perciben a sí mismas, a los demás y a sus relaciones, influyendo así en la calidad y la dinámica de los vínculos de apego.

2. Perspectivas históricas sobre la psicología evolutiva:

El estudio de la psicología evolutiva ofrece una vía fascinante para explorar los orígenes y el desarrollo del comportamiento humano. Remontándose a las obras de Charles Darwin y William James, la perspectiva histórica de la psicología evolutiva rastrea la evolución del pensamiento y los principios fundamentales que han moldeado nuestra comprensión de la naturaleza humana. El surgimiento de la psicología evolutiva como campo independiente cobró impulso a finales del siglo XX, con figuras influyentes como Donald Symons, Leda Cosmides y John Tooby que contribuyeron significativamente a su desarrollo.

Un aspecto fundamental de las perspectivas históricas sobre la psicología evolutiva es la integración de la teoría evolutiva en la disciplina psicológica, lo que arroja luz sobre las funciones y mecanismos adaptativos que sustentan el comportamiento humano. Al reconocer las presiones selectivas y los desafíos reproductivos que enfrentaron nuestros ancestros, la psicología evolutiva ofrece valiosas perspectivas sobre las complejidades de la cognición, las emociones y las interacciones sociales humanas. El notable cambio de paradigma hacia la comprensión de la mente humana como producto de la selección natural ha impulsado una profunda reevaluación de los marcos psicológicos tradicionales.

Las perspectivas históricas abarcan la exploración de comportamientos y rasgos humanos universales como producto de adaptaciones evolutivas. Este enfoque enfatiza el entorno ancestral como un crisol para moldear los mecanismos psicológicos, arrojando luz sobre los patrones recurrentes de comportamiento y las estrategias cognitivas observadas en diversas culturas. Entre los hitos clave de la narrativa histórica se encuentra la elucidación de las raíces evolutivas en la selección de parentesco, las estrategias de apareamiento y la inversión parental, revelando los fundamentos evolutivos de dinámicas sociales y relaciones interpersonales complejas.

La trayectoria histórica también abarca la integración de la psicología evolutiva con otras disciplinas, fomentando colaboraciones interdisciplinarias que han enriquecido nuestra comprensión de la naturaleza humana. Las contribuciones de campos como la antropología, la etología y la genética han convergido para formar un marco integral para la investigación de los orígenes evolutivos del comportamiento humano. Además, la evolución histórica de las metodologías y los enfoques empíricos dentro de la psicología evolutiva ha impulsado la investigación científica rigurosa, permitiendo a los investigadores abordar con destreza las complejidades del comportamiento humano en un contexto evolutivo.

3. Selección natural y apego - El marco darwiniano:

La teoría de la selección natural, propuesta por Charles Darwin, constituye la piedra angular de la psicología evolutiva moderna. Desde la perspectiva del apego, el marco darwiniano proporciona información valiosa sobre los orígenes y las funciones adaptativas de las conductas de apego. Según este marco, los individuos de una especie presentan variación en sus rasgos, y aquellos con rasgos ventajosos tienen una ventaja de supervivencia y reproducción, lo que lleva a la propagación de sus genes en generaciones sucesivas. Este proceso, en última instancia, configura las predisposiciones conductuales, cognitivas y emocionales relacionadas con el apego. En el contexto de la teoría del apego, el marco darwiniano ilustra cómo las conductas y sistemas de apego han evolucionado como estrategias para mejorar la supervivencia y el éxito reproductivo. Para comprender esto, es esencial evaluar el papel de las conductas relacionadas con el apego en el contexto de los desafíos ambientales, el peligro y la provisión de cuidados entre las poblaciones ancestrales. Al examinar las ventajas de supervivencia que confieren las conductas relacionadas con el apego, obtenemos información sobre la persistencia y el refinamiento de dichas conductas a lo largo de la evolución humana. Además, el marco darwiniano impulsa la exploración de los contextos ecológicos y sociales que favorecieron el desarrollo de estrategias de apego específicas, lo que arroja luz sobre la interacción entre las presiones ambientales y el surgimiento de patrones de apego. Asimismo, este marco fomenta el examen de la heredabilidad de los rasgos relacionados con el apego, subrayando la base genética de estos comportamientos y llamando la atención sobre la transmisión de patrones de apego entre generaciones. Cabe destacar que la selección natural también subraya la importancia de la aptitud reproductiva y la selección de pareja en la configuración de la dinámica del apego. Comprender los principios de la selección natural en el contexto de la teoría del apego enriquece nuestra comprensión de las funciones adaptativas, las variaciones interculturales y las diferencias individuales en los comportamientos de apego. Además, proporciona una apreciación más profunda de las interconexiones entre la evolución, el comportamiento y el apego, sentando las bases para una mayor exploración y comprensión de los procesos de apego en diversas poblaciones humanas.

4. Estudios comparativos de primates y otras especies:

El estudio del apego en primates y otras especies animales ha sido fundamental para esclarecer los orígenes evolutivos y las funciones adaptativas de las conductas de apego. Al observar y comparar la dinámica social y los patrones de comportamiento de diversas especies de primates, los investigadores han obtenido información valiosa sobre la naturaleza del apego en diferentes linajes evolutivos. Una de las figuras más influyentes en este campo es el reconocido primatólogo Frans de Waal, cuyo extenso trabajo sobre el comportamiento social de bonobos y chimpancés ha aportado pruebas cruciales de la presencia de vínculos similares al apego en primates no humanos. Los estudios de De Waal, junto con los de otros primatólogos como Jane Goodall y Dian Fossey, han demostrado la naturaleza compleja y matizada de las relaciones sociales entre primates, incluyendo las conductas afiliativas, la cooperación, la reconciliación e incluso las formas de cuidado. Además, la investigación comparativa se ha extendido más allá de los primates para abarcar una amplia gama de especies animales, revelando similitudes y variaciones en las conductas relacionadas con el apego. Por ejemplo, estudios etológicos han explorado las conductas de vinculación y cuidado que exhiben diversas aves, como cisnes y pingüinos, así como mamíferos como elefantes y delfines. Estas investigaciones han puesto de manifiesto las diversas maneras en que los sistemas de apego se manifiestan en diferentes contextos ecológicos y filogenéticos. Además, los paralelismos entre los sistemas de apego humanos y no humanos han impulsado colaboraciones interdisciplinarias entre psicólogos evolutivos, antropólogos, etólogos y neurocientíficos para desentrañar los mecanismos subyacentes y la importancia funcional del apego tanto en animales humanos como no humanos. Al examinar los correlatos conductuales, fisiológicos y neuronales del apego en diferentes especies, los investigadores han dilucidado los principios fundamentales que rigen el desarrollo, el mantenimiento y el valor adaptativo de los vínculos de apego.

5. Entorno ancestral y patrones de apego humano:

El concepto de patrones de apego humanos está intrínsecamente vinculado a nuestro entorno ancestral y a los factores históricos que moldearon nuestra trayectoria evolutiva. Nuestros antepasados vivían en pequeños grupos de cazadores-recolectores, donde la cooperación, el apoyo mutuo y el cuidado compartido eran esenciales para la supervivencia. Estas dinámicas sociales propiciaron el surgimiento de comportamientos de apego orientados a la formación y el mantenimiento de relaciones estrechas y seguras. El entorno ancestral, caracterizado por la necesidad de colaboración y protección frente a amenazas externas, probablemente influyó en la evolución de patrones de apego centrados en el mantenimiento de la proximidad, la búsqueda de refugio y la utilización de bases seguras. Esta respuesta adaptativa al entorno ancestral sentó las bases para la formación de vínculos sociales y conexiones emocionales duraderas que continúan moldeando las relaciones humanas en la actualidad. Además, la interacción entre las presiones ambientales ancestrales y las predisposiciones genéticas subraya la relación entre la naturaleza y la crianza en la configuración de los patrones de apego humanos. Si bien nuestra composición genética proporciona una base fundamental para los comportamientos de apego, el contexto ambiental en el que estos se desarrollan influye profundamente en su manifestación y expresión. Las variaciones culturales en las prácticas de apego también reflejan las diversas formas en que los legados ambientales ancestrales se han cruzado con las normas y valores sociales.

6. La base genética de las conductas de apego:

Las conductas de apego, fundamentales para el desarrollo social y emocional humano, están profundamente arraigadas en la composición genética de los individuos. Comprender la base genética de las conductas de apego requiere un enfoque multidisciplinario que abarca la genética, la neurociencia y la psicología. Investigaciones recientes han arrojado luz sobre la interacción entre los factores genéticos y la expresión de las conductas de apego. Hallazgos clave apuntan al papel de genes específicos en la influencia de aspectos del apego, como la regulación de las emociones, los vínculos sociales y las respuestas al estrés. El estudio de gemelos monocigóticos y dicigóticos ha aportado pruebas contundentes de la heredabilidad de los estilos de apego, y los factores genéticos explican una proporción significativa de las diferencias individuales en las características relacionadas con el apego. Además, los avances en genética molecular han identificado genes candidatos implicados en el desarrollo de las conductas relacionadas con el apego, lo que ofrece información valiosa sobre los mecanismos biológicos que lo sustentan. Estos genes participan en diversos procesos, como la síntesis y regulación de neurotransmisores como la oxitocina y la vasopresina, que desempeñan un papel fundamental en los vínculos sociales y la afiliación. Además, las variaciones en el gen transportador de serotonina se han vinculado a diferencias en la seguridad del apego y la vulnerabilidad a la ansiedad. La influencia de los factores genéticos en el apego trasciende el ámbito individual, configurando patrones familiares de apego e influyendo en la transmisión de estilos de apego intergeneracionalmente. Además, nuevas evidencias sugieren que los mecanismos epigenéticos, mediante los cuales los factores ambientales modifican la expresión génica, contribuyen al desarrollo de las conductas de apego. Esta interacción dinámica entre las predisposiciones genéticas y las influencias ambientales subraya la naturaleza compleja del apego y enfatiza la necesidad de una comprensión holística que integre las perspectivas genética, neurobiológica y psicológica.

7. Vías neurológicas y el papel del cerebro en el apego:

La exploración de las vías neurológicas asociadas con las conductas de apego ha revelado conocimientos fascinantes sobre el papel multifacético del cerebro en la configuración de las conexiones humanas. En el centro de estas revelaciones se encuentra la participación de varias regiones cerebrales clave, en particular la amígdala, la corteza prefrontal y el hipotálamo. La amígdala, conocida por su papel fundamental en el procesamiento emocional, es fundamental para la evaluación de amenazas potenciales y la regulación de las respuestas al miedo, elementos cruciales en la formación de vínculos de apego seguros. Además, la corteza prefrontal, responsable de funciones cognitivas de orden superior como la toma de decisiones y la cognición social, desempeña un papel esencial en la interpretación de las señales sociales, la comprensión de las emociones de los demás y la formación de relaciones significativas. Cabe destacar que la corteza prefrontal también regula las respuestas emocionales iniciadas por la amígdala, contribuyendo a la regulación emocional en contextos de apego.

Además de estas estructuras, el hipotálamo, un factor clave en la regulación de las funciones y comportamientos corporales esenciales para la supervivencia, coordina las respuestas fisiológicas vinculadas al apego. Por ejemplo, regula la liberación de oxitocina y vasopresina, hormonas conocidas por su participación en la formación de vínculos, la confianza y la afiliación social. La interacción entre estos mecanismos neurobiológicos no solo sustenta la manifestación de las conductas de apego, sino que también arroja luz sobre la profunda importancia evolutiva de la formación y el mantenimiento de vínculos sociales.

Los recientes avances en las técnicas de neuroimagen han proporcionado valiosa evidencia neurobiológica que respalda la naturaleza compleja de los procesos de apego. Estudios de resonancia magnética funcional (fMRI) han revelado una mayor activación en la amígdala y la corteza prefrontal cuando las personas realizan tareas relacionadas con el apego, lo que demuestra los correlatos neuronales de las experiencias de apego. Estos hallazgos subrayan el funcionamiento integrado de múltiples regiones cerebrales en la orquestación de pensamientos, sentimientos y comportamientos relacionados con el apego, lo que pone de relieve los profundos fundamentos neuronales del apego humano.

Las investigaciones sobre el impacto de las experiencias tempranas de cuidado en el desarrollo neurobiológico han puesto de relieve el período crítico de neuroplasticidad, durante el cual el cerebro experimenta cambios significativos en respuesta a las influencias ambientales. Estudios han demostrado que el cuidado cariñoso y receptivo puede contribuir al desarrollo saludable de los circuitos neuronales implicados en el apego, lo que pone de relieve las profundas implicaciones de las experiencias tempranas de apego en la arquitectura cerebral y el funcionamiento socioemocional posterior. Por otro lado, la adversidad y la negligencia durante las primeras etapas del desarrollo se han vinculado a la alteración de los patrones de conectividad neuronal, lo que pone de relieve el impacto de las interrupciones tempranas del apego en los procesos neurobiológicos.

8. Apego, supervivencia y éxito reproductivo:

Las formas en que los individuos forman y mantienen vínculos sociales tienen implicaciones directas en su capacidad para prosperar en su entorno, protegerse de amenazas y asegurar la continuidad de su linaje genético. Los sistemas de apego, arraigados en la historia evolutiva, han evolucionado como estrategias adaptativas para gestionar las complejidades de la existencia humana.

Uno de los aspectos clave del impacto del apego en la supervivencia y el éxito reproductivo reside en su influencia en la dinámica del cuidado y los sistemas de apoyo social. A lo largo de la historia evolutiva, las personas con fuertes vínculos de apego estaban mejor posicionadas para recibir cuidado, protección y recursos de sus cuidadores y redes sociales, lo que en última instancia mejoraba sus posibilidades de supervivencia y reproducción exitosa. Además, los apegos seguros fomentan una sensación de seguridad y estabilidad emocional, lo que permite a las personas dedicar más energía a actividades como la adquisición de alimento, la búsqueda de refugio y la formación de alianzas que contribuyen aún más a su supervivencia y capacidad reproductiva.

Los patrones de apego se han vinculado estrechamente con las estrategias de apareamiento y la inversión parental, ambos componentes cruciales para el éxito reproductivo. Los individuos con apego seguro suelen mostrar mayor capacidad para formar y mantener relaciones íntimas, lo que aumenta las posibilidades de una reproducción exitosa y la crianza de sus crías en entornos propicios. Por el contrario, los patrones de apego inseguros pueden dificultar el establecimiento de relaciones estables o la crianza conjunta eficaz, lo que podría afectar el éxito reproductivo general de los individuos.

Es importante reconocer que la interacción entre el apego, la supervivencia y el éxito reproductivo no se limita únicamente a las dinámicas individuales, sino que también se extiende a contextos sociales y culturales más amplios. Las variaciones culturales en las prácticas de apego y las normas de cuidado pueden influir significativamente en el valor adaptativo de los diferentes patrones de apego dentro de entornos sociales específicos, influyendo así en la transmisión intergeneracional de rasgos relacionados con el apego. Además, las estructuras sociales y los sistemas de parentesco pueden facilitar o dificultar el bienestar colectivo y el éxito reproductivo de las personas en función de las dinámicas de apego predominantes en una cultura determinada.

9. Variaciones culturales y universalidad en los sistemas de apego:

El estudio del apego ha planteado con frecuencia la cuestión de si los sistemas y comportamientos de apego son culturalmente universales o si varían entre sociedades. Comprender la interacción entre la cultura y el apego es esencial para comprender las diversas maneras en que los cuidadores y los bebés establecen relaciones de apego en todo el mundo. Si bien la teoría del apego se originó en contextos occidentales, la investigación se ha centrado cada vez más en examinar la dinámica del apego en culturas no occidentales para determinar la universalidad de los patrones de apego y explorar posibles variaciones culturales.

Estudios transculturales han revelado tanto puntos en común como divergencias en las conductas de apego y las prácticas de cuidado en diversas sociedades. Algunos investigadores han propuesto que las conductas fundamentales de apego, como la búsqueda de proximidad con los cuidadores en momentos de angustia, podrían ser universales debido a su importancia adaptativa para garantizar la supervivencia y la protección. Se ha comprobado que estos mecanismos básicos de apego, incluyendo las funciones de base segura y refugio seguro, existen en todas las culturas, lo que subraya su importancia para el desarrollo humano.

Sin embargo, también se han identificado variaciones culturales, lo que indica que las manifestaciones específicas de las conductas de apego y las prácticas de cuidado parental pueden variar significativamente entre distintos grupos culturales. Estas diferencias pueden estar influenciadas por las normas culturales, las estructuras sociales y las tradiciones históricas, lo que configura las dinámicas familiares y sociales que impactan las relaciones de apego. Por ejemplo, el equilibrio entre autonomía y conexión puede variar entre culturas individualistas y colectivistas, lo que afecta la forma en que se forman y mantienen los vínculos de apego.

Una exploración más profunda de las variaciones culturales en los sistemas de apego ha revelado información valiosa sobre el papel de los contextos socioculturales en la configuración de los estilos y comportamientos de apego. Diversos estudios han destacado la influencia de los valores culturales, las prácticas de crianza y los sistemas familiares en general en el desarrollo de patrones de apego. Además, las investigaciones sobre culturas indígenas han revelado dinámicas de apego únicas que podrían no coincidir con las conceptualizaciones occidentales tradicionales, lo que subraya la necesidad de un enfoque culturalmente sensible para comprender el apego.

10. Estudios y experimentos clave en la investigación bioconductual:

Estudios y experimentos clave en la investigación bioconductual han contribuido significativamente a nuestra comprensión de los sistemas de apego y sus raíces evolutivas. Un estudio pionero que ha influido enormemente en este campo es el trabajo de Harry Harlow, cuyos experimentos con monos rhesus a mediados del siglo XX arrojaron luz sobre la importancia del contacto social y el confort en el desarrollo temprano. La investigación de Harlow demostró que las crías de mono preferían a las madres sustitutas que les proporcionaban consuelo a las que solo les ofrecían alimento, lo que pone de relieve el papel crucial del vínculo emocional y el apego seguro en el comportamiento de los primates.

Además del trabajo de Harlow, el procedimiento de la Situación Extraña, desarrollado por Mary Ainsworth y sus colegas, se ha convertido en una pieza clave en la investigación del apego. Este estudio observacional implicó la exposición sistemática de niños pequeños a una serie de breves separaciones y reencuentros con sus cuidadores en un entorno de laboratorio controlado. Los resultados revelaron diferentes patrones de apego, lo que llevó a la clasificación de los bebés en categorías de seguro, inseguro-evitativo e inseguro-ambivalente/resistente. Desde entonces, esta metodología se ha utilizado en todo el mundo para evaluar la calidad del apego entre padres e hijos en diversas culturas.

Otros avances en la investigación bioconductual incluyen estudios de neuroimagen que han esclarecido los mecanismos neuronales que sustentan los procesos de apego. La resonancia magnética funcional y la electroencefalografía han permitido a los investigadores estudiar la actividad cerebral asociada con las emociones y conductas relacionadas con el apego. Por ejemplo, estudios han demostrado una mayor activación en regiones cerebrales como la corteza prefrontal, la amígdala y la ínsula durante experiencias de angustia por separación o búsqueda de proximidad en las relaciones de apego.

Estudios longitudinales que siguen a individuos desde la infancia hasta la edad adulta han proporcionado información crucial sobre el impacto a largo plazo de las experiencias de apego temprano. Investigadores como Alan Sroufe y Joan Stevenson-Hinde han realizado extensas investigaciones longitudinales que revelan vínculos entre la seguridad del apego temprano y el funcionamiento social, emocional y cognitivo posterior. Estos estudios han resaltado la influencia de las dinámicas del apego temprano en el bienestar general y las relaciones interpersonales de una persona.

A medida que la investigación bioconductual continúa evolucionando, los enfoques interdisciplinarios que integran la genética, la epigenética y las influencias ambientales están arrojando nueva luz sobre la compleja interacción de factores biológicos y relacionales en la configuración de los sistemas de apego. Cabe destacar que los estudios transculturales que exploran las normas y comportamientos de apego en diversas sociedades están ampliando nuestra comprensión de la universalidad cultural y la variabilidad de los patrones de apego. A través de estos estudios innovadores, nos esforzamos por profundizar nuestra comprensión de los fundamentos bioconductuales del apego humano, enriqueciendo nuestro reconocimiento de sus funciones fundamentales en el desarrollo y funcionamiento humano.

Conductas de apego

1. Características:

Las conductas de apego abarcan una amplia gama de acciones y expresiones observables que sirven para mantener la proximidad, buscar seguridad y promover la conexión emocional entre individuos. En el núcleo de las conductas de apego se encuentra el impulso fundamental de formar y mantener relaciones estrechas y afectivas con los cuidadores principales o personas significativas. Estas conductas se caracterizan por su naturaleza adaptativa, ya que facilitan la capacidad del individuo para gestionar entornos sociales, el estrés y el bienestar psicológico. Comprender las características que definen las conductas de apego es crucial para comprender la dinámica de las relaciones humanas y el impacto de las experiencias tempranas en el desarrollo posterior.

Una característica clave de las conductas de apego es la búsqueda de cercanía y contacto con las figuras de apego en momentos de angustia o incomodidad. Esto puede incluir buscar consuelo físico, palabras tranquilizadoras o conductas dirigidas a restablecer la proximidad con un cuidador de confianza. Cabe destacar que estas conductas sirven como fuente de regulación emocional y pueden brindar una sensación de seguridad y protección ante la adversidad.

Además, las conductas de apego suelen implicar la manifestación de señales o indicios específicos que comunican la necesidad de apoyo y conexión. Estas pueden incluir señales no verbales como el contacto visual, las expresiones faciales, las vocalizaciones o los gestos que transmiten el deseo de interacción y cariño. Asimismo, las personas pueden exhibir comportamientos que indican su disponibilidad y disposición para brindar cuidado y apoyo a sus figuras de apego, correspondiendo así al vínculo de apego.

Otra característica definitoria de las conductas de apego reside en su naturaleza específica del contexto, donde la manifestación e intensidad de estas conductas se ven influenciadas por las condiciones ambientales predominantes. Por ejemplo, en situaciones desconocidas o potencialmente amenazantes, las personas pueden mostrar conductas de apego intensificadas como forma de buscar protección y seguridad de sus figuras de apego. Por el contrario, en entornos familiares y seguros, estas conductas pueden ser más moderadas, lo que permite la exploración y la autonomía, a la vez que se mantiene una base segura con la figura de apego.

Las conductas de apego suelen implicar el establecimiento de vínculos afiliativos duraderos, caracterizados por sentimientos de confianza, intimidad emocional y una sensación de compartir experiencias con las figuras de apego. Estos vínculos contribuyen a la formación de modelos internos de funcionamiento, moldeando las expectativas de las personas respecto a las relaciones e influyendo en su percepción de sí mismas y de los demás.

2. Perspectivas evolutivas sobre las funciones adaptativas:

Al profundizar en las perspectivas evolutivas sobre las funciones adaptativas del apego, se hace evidente que el concepto de conductas de apego tiene raíces que se remontan a nuestros ancestros. Las teorías evolutivas proponen que el apego cumple funciones adaptativas cruciales, centradas principalmente en asegurar la supervivencia y el éxito reproductivo de los individuos. Analizar el apego desde una perspectiva evolutiva proporciona información valiosa sobre los mecanismos biológicos y psicológicos que sustentan el comportamiento humano.

Un aspecto fundamental de las perspectivas evolutivas sobre el apego es el concepto de selección de parentesco y aptitud inclusiva. Desde una perspectiva evolutiva, las conductas de apego pueden considerarse estrategias para promover la supervivencia y el bienestar de los parientes genéticos, preservando y propagando así indirectamente los genes compartidos. Esta perspectiva ofrece una explicación convincente de los fuertes vínculos que se observan dentro de las unidades familiares y la inclinación a proteger y apoyar a los parientes en momentos de necesidad.

Los psicólogos evolutivos han destacado el papel del apego en la mediación del estrés y el fortalecimiento de la capacidad para afrontar los desafíos ambientales. Mediante relaciones de apego seguras, las personas pueden obtener una sensación de seguridad y previsibilidad en sus entornos sociales, reduciendo así el impacto fisiológico y psicológico de los factores estresantes. Estas funciones adaptativas son cruciales para promover la resiliencia y facilitar respuestas eficaces ante la adversidad.

Además, las perspectivas evolutivas enfatizan la importancia del apego en el contexto del éxito reproductivo. Al fomentar los vínculos sociales y las alianzas cooperativas, las conductas de apego contribuyen a la formación de parejas estables de apareamiento y al interés parental por la descendencia. La capacidad de formar vínculos duraderos y gestionar interacciones sociales complejas mejora las posibilidades de un individuo de tener una reproducción exitosa y la transmisión de material genético a las generaciones futuras.

Desde una perspectiva evolutiva, las conductas de apego se entrelazan con el desarrollo de los procesos cognitivos y de regulación emocional. La capacidad de formar y mantener vínculos seguros facilita la calibración de las respuestas emocionales y el desarrollo de la cognición social, ambos factores cruciales para operar dentro de las jerarquías sociales y formar alianzas que confieren ventajas en la adquisición de recursos y la elección de pareja.

3. Apego y supervivencia - Imperativos biológicos:

El concepto de apego en el contexto de la supervivencia se remonta a nuestra historia evolutiva, donde la necesidad de proximidad a un cuidador era esencial para la supervivencia de las crías. Desde una perspectiva evolutiva, el desarrollo de las conductas de apego puede entenderse como una adaptación crucial que facilitó la protección, la alimentación y el cuidado de las crías vulnerables. Los imperativos biológicos que impulsan las conductas de apego están profundamente arraigados en la necesidad fundamental de seguridad y protección, que son fundamentales para la supervivencia y el desarrollo en cualquier entorno.

En las primeras etapas de la evolución humana, las crías que lograban mantener una estrecha proximidad con sus cuidadores estaban mejor posicionadas para recibir el sustento, la protección contra depredadores y el calor necesarios para su supervivencia. Como resultado, conductas de apego como la búsqueda de proximidad, la señalización de angustia y la búsqueda de consuelo en un cuidador principal se arraigaron en nuestra constitución biológica como estrategias adaptativas para asegurar la supervivencia. Estas conductas permitieron el establecimiento de una base segura desde la cual los individuos podían explorar su entorno, interactuar con otros y, en última instancia, aumentar sus posibilidades de éxito reproductivo.

El papel del apego en la regulación de las respuestas al estrés subraya su importancia como imperativo biológico. Se ha comprobado que las relaciones de apego seguras mitigan el impacto negativo del estrés, promoviendo la regulación emocional y la resiliencia. Por el contrario, los apegos inseguros pueden comprometer la capacidad de una persona para gestionar eficazmente los factores estresantes, lo que podría comprometer su bienestar general y su supervivencia. Esto pone de relieve el papel crucial del apego en la configuración de los mecanismos fisiológicos y psicológicos implicados en el afrontamiento de los desafíos ambientales.

En la sociedad contemporánea, las implicaciones del apego como imperativo biológico siguen siendo relevantes. La calidad de las experiencias tempranas de apego desempeña un papel vital en la formación de la capacidad de las personas para formar y mantener relaciones saludables, gestionar las interacciones sociales y afrontar las adversidades a lo largo de la vida. Comprender el apego como un imperativo biológico permite comprender la profunda influencia de las experiencias tempranas de cuidado en la trayectoria de desarrollo, la salud mental y el bienestar general de una persona.

4. Patrones de apego:

La teoría del apego enfatiza la importancia de las relaciones de apego tempranas en la formación del desarrollo psicológico del individuo. Un aspecto crucial de esta teoría es la clasificación e interpretación de los patrones de apego que los individuos pueden exhibir en sus relaciones. La investigación pionera de Ainsworth sobre el procedimiento de la Situación Extraña condujo a la identificación de tres estilos de apego principales: apego seguro, apego inseguro-evitativo y apego inseguro-ambivalente/resistente.

El apego seguro, caracterizado por un equilibrio entre la exploración y la búsqueda de proximidad al cuidador en situaciones de angustia, se considera ampliamente el patrón de apego más adaptativo. Los niños con apego seguro tienden a confiar en la disponibilidad y la capacidad de respuesta de sus cuidadores, lo que se traduce en resultados positivos en su desarrollo socioemocional. Por el contrario, los niños con apego inseguro-evitativo suelen mostrar conductas evitativas y un malestar mínimo al separarse de sus cuidadores, lo que refleja una supresión de sus necesidades de apego. Por otro lado, los niños con apego inseguro-ambivalente/resistente presentan comportamientos de apego y ansiedad, además de dificultad para utilizar eficazmente al cuidador como una base segura para la exploración.

Estos patrones de apego no se limitan a la infancia; siguen influyendo en las personas a lo largo de su vida, impactando sus relaciones románticas, amistades e interacciones en diversos contextos sociales. La Entrevista de Apego en Adultos (EAA), desarrollada por Mary Main y Erik Hesse, ofrece una valiosa perspectiva sobre cómo las experiencias tempranas de apego se manifiestan en las relaciones adultas. La EAA clasifica a los adultos en estados de apego autónomos, desinteresados, preocupados y no resueltos, lo que arroja luz sobre la continuidad de los patrones de apego a lo largo de la vida.

Investigaciones recientes han resaltado la necesidad de sensibilidad y conciencia cultural al interpretar los patrones de apego. Estudios transculturales han revelado variaciones en las conductas e interpretaciones del apego, destacando la influencia de los factores socioculturales en la manifestación y comprensión de los estilos de apego. Por ejemplo, las culturas colectivistas pueden priorizar la interdependencia y los valores comunitarios, lo que influye en la expresión de las conductas de apego en las relaciones interpersonales.

5. Búsqueda de proximidad y sus interpretaciones psicológicas:

La búsqueda de proximidad es una conducta de apego fundamental observada en bebés y continúa influyendo en las interacciones sociales a lo largo de la vida. Esta conducta abarca los esfuerzos deliberados que realiza un individuo para mantener la cercanía física o el contacto con una figura de apego significativa, generalmente un cuidador o un compañero cercano. Desde una perspectiva psicológica, el acto de buscar proximidad cumple diversas funciones adaptativas que contribuyen a la regulación emocional, la sensación de seguridad y el desarrollo social.

Una interpretación psicológica de la búsqueda de proximidad se refiere a su papel en el establecimiento de una base segura desde la cual las personas pueden explorar su entorno y vivir nuevas experiencias. Al buscar la cercanía física con las figuras de apego, las personas establecen una sensación de seguridad que les permite aventurarse en territorio desconocido, sabiendo que cuentan con una base segura a la que regresar en momentos de angustia o aprensión. Esta interpretación se alinea con el énfasis de la teoría del apego en la naturaleza dual de las conductas de apego, demostrando tanto la búsqueda de proximidad como la búsqueda simultánea de autonomía y exploración.

La búsqueda de proximidad está estrechamente relacionada con el desarrollo de la confianza y la seguridad emocional. Cuando las personas experimentan constantemente reacciones receptivas y reconfortantes de sus figuras de apego en respuesta a sus comportamientos de búsqueda de proximidad, desarrollan un sentido de previsibilidad y confianza en la disponibilidad de apoyo. Esto, a su vez, nutre una base de seguridad emocional que fomenta la resiliencia y un desarrollo socioemocional saludable. Por el contrario, las interrupciones en las respuestas de búsqueda de proximidad, como un cuidado inconsistente o negligente, pueden generar mayor ansiedad y dificultar la formación de modelos internos de trabajo seguros.

En el contexto de las relaciones interpersonales, la búsqueda de proximidad desempeña un papel fundamental en el establecimiento y mantenimiento de vínculos sociales. Al buscar y mantener la cercanía con los demás, las personas comunican su necesidad de conexión e intimidad, fomentando expresiones recíprocas de cuidado y apoyo. La satisfacción de estas necesidades contribuye al desarrollo de relaciones sólidas y duraderas, caracterizadas por la confianza mutua y la sintonía emocional. Además, comprender los matices de la búsqueda de proximidad en relación con las diferencias individuales y las influencias culturales proporciona información valiosa sobre la diversidad de las orientaciones del apego y la dinámica relacional en diversas poblaciones.

6. El apego en el contexto de los hitos del desarrollo:

Las conductas de apego influyen significativamente en el crecimiento emocional y social de las personas desde la infancia hasta la edad adulta. Durante la infancia, el desarrollo del apego está estrechamente vinculado al logro de hitos clave del desarrollo, como la formación de una base segura, la regulación emocional y la capacidad de explorar el entorno. Los bebés dependen de sus cuidadores para recibir consuelo y apoyo, y la calidad de estas relaciones tempranas de apego puede moldear su futuro desarrollo social y emocional. A medida que los niños pasan a la primera infancia, sus conductas de apego se acentúan, ya que gestionan los desafíos de ganar independencia sin dejar de buscar la seguridad de sus cuidadores principales. Esta etapa suele marcar la aparición de la ansiedad por separación y la creciente necesidad de una figura de apego confiable que les brinde un refugio seguro en medio de nuevas experiencias. La calidad del apego que se forma durante estos primeros años sienta las bases para que las personas aborden las relaciones y regulan el estrés a lo largo de su vida.

En la infancia, la naturaleza del apego continúa impactando los hitos del desarrollo, a medida que los niños amplían sus redes sociales más allá de su familia inmediata. La capacidad de formar amistades, regular las emociones y desarrollar empatía se ve influenciada por las relaciones de apego establecidas en la infancia temprana. Además, la experiencia de un apego seguro puede fomentar la resiliencia y contribuir a estrategias de afrontamiento adaptativas ante la adversidad o cambios significativos en la vida. A medida que los adolescentes maduran física, cognitiva y emocionalmente, sus conductas de apego se extienden más allá de la unidad familiar para incluir las relaciones románticas y las conexiones con los pares. La adolescencia es un período crítico para explorar la dinámica de las relaciones íntimas, y la seguridad establecida a través de las figuras de apego anteriores puede influir en la capacidad de intimidad, confianza y comunicación en estos nuevos contextos.

Al llegar a la edad adulta, el impacto del apego en los hitos del desarrollo sigue siendo profundo. Formar relaciones comprometidas, perseguir aspiraciones profesionales y la transición a la paternidad implican la interacción entre el historial de apego y las experiencias actuales. Los patrones de comportamiento y la regulación emocional relacionados con el apego pueden facilitar o dificultar el logro de hitos personales y profesionales, lo que resalta la importancia de las experiencias tempranas de apego.

7. El papel de la cultura en la configuración de las expresiones de apego:

Desde la infancia hasta la edad adulta, las normas, prácticas y creencias culturales influyen significativamente en la manifestación e interpretación de las conductas de apego. En diversos entornos culturales, los cuidadores y los niños interactúan de forma única, reflejando valores y prioridades culturales. El diferente énfasis en la independencia frente a la interdependencia, la expresividad emocional y las prácticas de cuidado contribuyen a las manifestaciones culturalmente específicas de las conductas de apego. Por ejemplo, en culturas colectivistas, donde se defienden los valores comunitarios, las conductas de apego pueden enfatizar la importancia de mantener la armonía dentro del grupo social, lo que da lugar a diferentes expresiones de búsqueda de proximidad y comportamientos de base segura. Por el contrario, en culturas individualistas, el énfasis en la autonomía y la autosuficiencia puede influir en la forma en que se expresan y satisfacen las necesidades de apego.

Las narrativas y tradiciones culturales también desempeñan un papel importante en la configuración de las orientaciones del apego. Las historias, los rituales y las expectativas sociales transmiten mensajes implícitos sobre el apego, lo que influye en los modelos internos de funcionamiento y los patrones relacionales de las personas. Estas influencias culturales pueden influir en la formación de esquemas internalizados sobre las figuras de apego, las experiencias de separación y reencuentro, y afectar las estrategias de regulación.

El estudio del apego intercultural ha revelado la existencia de patrones de apego culturalmente distintos, lo que cuestiona la universalidad de la teoría del apego y destaca la interacción dinámica entre la cultura y el apego. Los investigadores han identificado variaciones en la seguridad del apego en distintos contextos culturales, lo que subraya la necesidad de considerar la diversidad cultural para comprender la dinámica del apego.

Además, el papel de la aculturación complica aún más la interacción entre cultura y apego. Las personas que se adaptan a múltiples marcos culturales pueden exhibir formas híbridas de expresión de apego, combinando elementos de diversos orígenes culturales. Este proceso de integración cultural moldea la gestión de las necesidades y comportamientos de apego de forma matizada, lo que requiere un enfoque contextualizado para el estudio del apego en diversos contextos culturales.

8. Diferencias individuales y variabilidad en las conductas de apego:

Las diferencias individuales y la variabilidad en las conductas de apego abarcan un amplio espectro de variaciones emocionales, conductuales y cognitivas, influenciadas por diversos factores biológicos, psicológicos y ambientales. Un aspecto fundamental de estas diferencias gira en torno al concepto de estilos de apego. La investigación en psicología del desarrollo ha dilucidado cuatro estilos de apego principales: seguro, ansioso-ambivalente, evitativo y desorganizado. Cada estilo manifiesta características distintivas en las relaciones interpersonales, la regulación emocional y las respuestas al estrés, lo que influye en los patrones relacionales y las estrategias de afrontamiento del individuo.

Las variaciones individuales en las conductas de apego también pueden atribuirse a predisposiciones genéticas, rasgos temperamentales y experiencias tempranas de cuidado. Estudios genéticos han sugerido que ciertos genes pueden influir en la susceptibilidad de un individuo a desarrollar patrones de apego específicos, mientras que rasgos temperamentales como la adaptabilidad, la sensibilidad y la reactividad contribuyen a la manifestación de conductas relacionadas con el apego. Además, la calidad del cuidado temprano, incluyendo la sensibilidad, la constancia y la capacidad de respuesta de los padres, influye significativamente en la orientación hacia el apego y el desarrollo socioemocional de un individuo.

Los contextos culturales desempeñan un papel crucial en la configuración de la diversidad de las conductas de apego. Cada cultura exhibe normas, creencias y prácticas de crianza únicas que influyen en la expresión de las conductas relacionadas con el apego. Por ejemplo, las culturas colectivistas pueden enfatizar la interdependencia y la cercanía dentro de las unidades familiares, lo que influye en la prevalencia de ciertos estilos de apego en comparación con las culturas individualistas que priorizan la autonomía y la autosuficiencia.

La influencia de las diferencias individuales en las conductas de apego se extiende más allá de la infancia y la niñez, persistiendo hasta la edad adulta e impactando diversos aspectos de la dinámica relacional y la salud mental. Comprender estas variabilidades individuales es esencial para adaptar las intervenciones, los enfoques terapéuticos y los sistemas de apoyo para abordar eficazmente las diversas necesidades de apego.

Modelos de trabajo internos - Esquemas cognitivos y su impacto

1. Orígenes y desarrollo de los esquemas cognitivos

Los modelos internos de trabajo (MI), elucidados inicialmente por John Bowlby, quien propuso que los niños forman representaciones mentales de sus figuras de apego con base en sus experiencias de cuidado, representan un concepto teórico clave dentro de la teoría del apego. Estos esquemas cognitivos, desarrollados en las primeras etapas de la vida, se moldean a partir de las interacciones del individuo con sus cuidadores primarios y posteriormente influyen en sus percepciones, expectativas y comportamientos en las relaciones.

El desarrollo de los esquemas cognitivos se remonta a la infancia, cuando comienzan a formarse las percepciones fundamentales de uno mismo, de los demás y del mundo. A medida que los niños exploran su entorno, recopilan información de sus experiencias y relaciones, construyendo marcos mentales que moldean su comprensión del mundo. Estos patrones cognitivos tempranos se ven influenciados por numerosos factores, como la receptividad parental, la sintonía emocional y las señales ambientales. Las interacciones entre el cuidador y el bebé desempeñan un papel crucial en la formación de estos patrones cognitivos a medida que los bebés aprenden a interpretar y anticipar las respuestas de sus figuras de apego primarias.

A medida que los niños crecen e interactúan con el mundo, sus esquemas cognitivos continúan evolucionando a partir de las experiencias y relaciones continuas. Las interacciones con compañeros, educadores y otras figuras significativas contribuyen al refinamiento y desarrollo de estas representaciones internas. Los esquemas cognitivos no son estáticos; se adaptan y amplían a medida que las personas se enfrentan a situaciones novedosas, adquieren nuevos conocimientos e integran diversas perspectivas.

El desarrollo de esquemas cognitivos está profundamente entrelazado con los procesos neurológicos y psicológicos. La neuroplasticidad, la capacidad del cerebro para reorganizarse en respuesta a las experiencias, desempeña un papel crucial en la formación y modificación de los marcos cognitivos. Además, las teorías del desarrollo cognitivo enfatizan el papel de las experiencias sociales y los contextos culturales en la configuración de las estructuras cognitivas. Desde las etapas del desarrollo cognitivo de Piaget hasta la teoría sociocultural de Vygotsky, los investigadores han destacado el profundo impacto de las interacciones sociales en la construcción de representaciones mentales.

2. Fundamentos teóricos:

La teoría de esquemas sirve como marco fundamental para comprender las estructuras cognitivas que subyacen al comportamiento y la percepción humanos. En esencia, la teoría de esquemas postula que los individuos desarrollan representaciones mentales o esquemas basados en sus experiencias, las cuales posteriormente guían su procesamiento de nueva información e interacciones con el mundo. En esta perspectiva teórica, es fundamental la noción de que estos esquemas se forman no solo a través de experiencias directas, sino también mediante interpretaciones e internalizaciones de dinámicas sociales, incluyendo las relaciones de apego tempranas.

Un principio clave de la teoría de esquemas es el concepto de asimilación y acomodación, propuesto por el reconocido psicólogo del desarrollo Jean Piaget. Este proceso describe cómo los individuos incorporan nueva información a sus esquemas existentes (asimilación) o modifican sus esquemas para integrar nuevas experiencias (acomodación). Aplicados al contexto del apego y las relaciones interpersonales, estos mecanismos explican cómo los individuos interpretan y dan sentido a sus experiencias relacionadas con el apego, moldeando sus creencias sobre sí mismos, los demás y el mundo que los rodea.

La teoría de esquemas destaca el papel de las estructuras cognitivas en la organización y el procesamiento de la información emocional e interpersonal. Por ejemplo, las personas con esquemas de apego seguro tienden a percibir las señales sociales de forma más constructiva y positiva, fomentando relaciones sanas y satisfactorias. Por el contrario, quienes presentan esquemas inseguros o desadaptativos pueden presentar sesgos cognitivos que las predisponen a percibir las señales sociales ambiguas como amenazantes o de rechazo, lo que influye en sus respuestas conductuales y su regulación emocional.

Además, el concepto de congruencia de esquemas subraya la importancia de examinar la adecuación o alineación entre los modelos internos de trabajo de un individuo y sus experiencias interpersonales actuales. Las discrepancias entre los esquemas existentes y las interacciones presentes pueden generar disonancia cognitiva y trastornos emocionales, lo que en última instancia afecta el bienestar psicológico y el funcionamiento relacional del individuo. Asimismo, la integración de la teoría de esquemas con la investigación sobre el apego ha revelado la interacción entre los procesos cognitivos y las experiencias afectivas, arrojando luz sobre los mecanismos que sustentan las conductas y los resultados relacionados con el apego.

3. La influencia de las experiencias de apego temprano:

Las bases del desarrollo de esquemas se establecen durante los años de formación, principalmente a través de las interacciones con los cuidadores principales. A medida que los bebés y los niños pequeños se desplazan por el mundo, comienzan a formarse expectativas sobre la disponibilidad y la capacidad de respuesta de sus cuidadores. Estas interacciones tempranas sirven como modelo para comprender e interpretar las relaciones a lo largo de la vida.

Las investigaciones indican que las experiencias de apego seguro en la primera infancia fomentan modelos de trabajo internos positivos, caracterizados por la confianza, la seguridad y la creencia en la propia valía de amor y cuidado. Los niños que reciben un cuidado constante y sensible desarrollan una sensación de seguridad que impulsa su exploración del entorno y fomenta un desarrollo social y emocional saludable. Por el contrario, un cuidado inconsistente o negligente puede conducir a la formación de estilos de apego inseguros, que se manifiestan como comportamientos ansiosos, evitativos o desorganizados.

El impacto de las experiencias tempranas de apego se extiende más allá de la infancia, influyendo en la calidad de las relaciones adultas y el bienestar general. Las personas con un historial de apego seguro suelen mostrar mayor resiliencia, empatía y capacidad de intimidad en sus relaciones románticas, de amistad y familiares. Por el contrario, quienes presentan patrones de apego inseguros pueden tener dificultades con la confianza, la dependencia y la regulación emocional, lo que dificulta la formación y el mantenimiento de vínculos saludables.

Las experiencias tempranas de apego pueden moldear la respuesta de una persona al estrés y la adversidad en etapas posteriores de la vida. Las personas con apego seguro tienden a mostrar estrategias de afrontamiento adaptativas ante los desafíos, recurriendo a sus modelos de trabajo internos positivos para buscar apoyo y encontrar consuelo en las relaciones. Por el contrario, las personas con apego inseguro pueden experimentar mayor angustia y dificultades para buscar y recibir apoyo efectivo.

Comprender la influencia de las experiencias tempranas de apego proporciona información valiosa sobre la interconexión entre el desarrollo temprano, la salud mental y las relaciones interpersonales. Subraya la importancia de promover dinámicas de apego seguro para sentar las bases de una vida resiliente, emocionalmente equilibrada y plena. Al reconocer el profundo impacto de estas experiencias formativas, podemos esforzarnos por crear entornos que fomenten apegos seguros y faciliten el desarrollo de esquemas saludables, contribuyendo así al bienestar a largo plazo y la satisfacción relacional de las personas.

4. Activación y aplicación del esquema:

Cuando las personas se enfrentan a situaciones o estímulos que les recuerdan experiencias de apego pasadas, sus esquemas internos se activan, lo que genera diversas respuestas emocionales, cognitivas y conductuales. Estos esquemas activados sirven como lentes a través de las cuales las personas perciben e interpretan sus interacciones y relaciones interpersonales. La aplicación de estos esquemas activados para guiar las respuestas y decisiones en diversos contextos relacionales es fundamental en este proceso. La interacción entre la activación y la aplicación de esquemas arroja luz sobre cómo las personas organizan sus experiencias de apego. Es importante reconocer que la activación de esquemas puede ocurrir tanto consciente como inconscientemente, ejerciendo una influencia significativa en la regulación emocional, las estrategias de resolución de problemas y la dinámica interpersonal de una persona. Además, la relevancia e intensidad de la activación de esquemas pueden variar según la naturaleza y la cronicidad de las experiencias tempranas de apego. Asimismo, la adaptabilidad o inadaptación de estos esquemas activados afecta considerablemente la capacidad de una persona para formar y mantener relaciones seguras y saludables. En casos en que las experiencias tempranas de apego se han caracterizado por la inseguridad o el trauma, la activación y aplicación de los esquemas correspondientes puede conducir a dificultades relacionales, una mayor vulnerabilidad a la angustia y estrategias defensivas de afrontamiento. Por el contrario, las personas con experiencias de apego seguro pueden mostrar una activación y aplicación de esquemas más flexible y adaptativa, fomentando conexiones interpersonales enriquecedoras y de apoyo. Comprender los procesos sutiles de activación y aplicación de esquemas proporciona información valiosa sobre las complejidades del apego humano y cómo las experiencias tempranas continúan resonando a lo largo de la edad adulta.

5. Impacto en las relaciones interpersonales:

Las investigaciones indican que las personas con modelos internos de trabajo seguros tienden a desarrollar relaciones más confiables, empáticas y de apoyo mutuo. Estas personas muestran capacidad para la comunicación efectiva, la regulación emocional y la intimidad, lo que fomenta conexiones más sanas y plenas con los demás. Por el contrario, los modelos internos inseguros o desorganizados pueden dificultar la formación y el mantenimiento de relaciones estrechas, a menudo caracterizadas por patrones de desconfianza, dependencia o evasión.

El impacto de los modelos internos de trabajo se extiende más allá de las relaciones románticas e incluye interacciones familiares, platónicas y profesionales. Las personas con modelos internos seguros suelen demostrar resiliencia y adaptabilidad al desenvolverse en diversos entornos sociales, construyendo sólidas redes de apoyo social y fomentando dinámicas sociales positivas. Por el contrario, quienes presentan esquemas inseguros o disfuncionales pueden tener dificultades para establecer y mantener conexiones significativas, lo que genera sentimientos de aislamiento, conflicto o angustia emocional.

La influencia de los modelos internos de trabajo en las relaciones interpersonales es evidente en la transmisión de patrones de apego intergeneracional. Los modelos internos de los padres pueden influir significativamente en las experiencias de apego de sus hijos, perpetuando estilos de apego seguros o inseguros dentro de los sistemas familiares. El impacto intergeneracional subraya la importancia de estos esquemas cognitivos en la calidad de las relaciones cercanas en la sociedad.

Comprender el impacto de los modelos de trabajo internos en las relaciones interpersonales tiene implicaciones vitales para la práctica clínica y las estrategias de intervención. Reconocer la influencia de las experiencias tempranas de apego y los esquemas cognitivos subsiguientes puede fundamentar los enfoques terapéuticos destinados a promover el apego seguro y mejorar el funcionamiento relacional. Al abordar los esquemas cognitivos desadaptativos y fomentar dinámicas relacionales positivas, las intervenciones pueden mitigar los efectos perjudiciales de los patrones de apego inseguro y facilitar conexiones interpersonales más sanas y plenas.

6. Vulnerabilidad a patrones disfuncionales:

La vulnerabilidad a patrones disfuncionales en el marco de los modelos internos de funcionamiento refleja la interacción entre las experiencias tempranas de apego y los esquemas cognitivos que sustentan las percepciones, expectativas y comportamientos individuales en las relaciones. Estos patrones disfuncionales a menudo se manifiestan como estrategias de afrontamiento desadaptativas, dinámicas interpersonales rígidas y dificultades para regular las emociones.

Las raíces de la vulnerabilidad a los patrones disfuncionales se remontan a los años de formación, cuando se establecen los vínculos de apego. Las experiencias de apego inseguro o desorganizado pueden dar lugar a modelos de trabajo negativos de uno mismo y de los demás, predisponiendo a las personas a interpretar las interacciones desde una perspectiva de desconfianza, indignidad o imprevisibilidad. Estas percepciones distorsionadas pueden provocar respuestas desadaptativas, como una mayor sensibilidad al rechazo, miedo a la intimidad o dificultad para establecer y mantener relaciones sanas.

Las personas con modelos internos de trabajo vulnerables pueden presentar patrones de comportamiento caracterizados por oscilaciones entre una dependencia excesiva de los demás para su validación e independencia, o una evitación persistente de la cercanía y la expresión emocional. Estos patrones pueden perpetuar ciclos de angustia e inestabilidad relacional, lo que dificulta la capacidad de establecer vínculos seguros y gratificantes con los demás.

La vulnerabilidad a patrones disfuncionales puede afectar significativamente el bienestar mental y emocional, contribuyendo a un mayor estrés, ansiedad y depresión. La internalización de creencias negativas sobre uno mismo y la desconfianza en los demás pueden generar una sensación generalizada de incompetencia y aislamiento, lo que agrava aún más las dificultades para establecer y mantener relaciones interpersonales gratificantes.

Abordar la vulnerabilidad a los patrones disfuncionales requiere un enfoque multifacético que abarque intervenciones tanto individuales como relacionales. Las técnicas cognitivo-conductuales, dirigidas a identificar y desafiar los esquemas desadaptativos, así como a fomentar formas alternativas y más adaptativas de relacionarse, constituyen componentes fundamentales de las iniciativas terapéuticas. Además, cultivar la autoconciencia y la atención plena puede empoderar a las personas para reconocer y regular sus respuestas emocionales, minimizando así el impacto de los patrones disfuncionales.

Explorar las experiencias de apego pasadas y su influencia en la dinámica relacional actual es fundamental para promover la sanación y la transformación. Al fomentar un entorno terapéutico seguro que fomente la exploración y el procesamiento de las heridas tempranas del apego, las personas pueden desmantelar gradualmente los esquemas disfuncionales, reemplazarlos por paradigmas más saludables y desarrollar patrones relacionales más seguros y positivos.

7. Mecanismos de cambio y adaptación del esquema:

Los mecanismos de cambio y adaptación de esquemas abarcan una compleja interacción de procesos cognitivos, regulación emocional y experiencias interpersonales. Un mecanismo destacado es la reestructuración cognitiva, en la que las personas desafían y modifican sus esquemas existentes mediante la introspección reflexiva y la retroalimentación externa. Este proceso permite la incorporación de nueva información y experiencias, lo que conduce a una evolución del modelo de funcionamiento interno.

Las estrategias de afrontamiento adaptativas desempeñan un papel fundamental para facilitar el cambio de esquemas. Las personas pueden realizar una reevaluación cognitiva, donde reinterpretan sus experiencias de apego pasadas de forma más constructiva, fomentando así la resiliencia y promoviendo una reestructuración positiva de sus modelos internos de trabajo. Además, cultivar relaciones positivas y seguras puede generar un cambio profundo en los modelos internos, proporcionando una experiencia emocional correctiva que cuestiona las creencias y percepciones desadaptativas previas.

Otro mecanismo esencial para el cambio de esquemas reside en el ámbito de las intervenciones psicológicas. Enfoques terapéuticos como la terapia cognitivo-conductual (TCC) y las intervenciones basadas en el apego ofrecen a las personas la oportunidad de explorar, comprender y modificar sus modelos internos de funcionamiento mediante una relación terapéutica colaborativa y de apoyo. Al abordar las distorsiones cognitivas y reforzar la regulación emocional, estas intervenciones empoderan a las personas para adaptar activamente sus patrones de esquema hacia representaciones más sanas y seguras.

Por otro lado, la investigación neurobiológica ha esclarecido la conexión entre la plasticidad neuronal y la adaptación de esquemas. Diversos estudios han demostrado la notable capacidad del cerebro para la reorganización y la adaptación, lo que proporciona una base biológica para la maleabilidad de los modelos internos de funcionamiento. Comprender los fundamentos neuronales del cambio de esquemas ofrece información valiosa sobre el potencial de intervenciones específicas destinadas a promover transformaciones adaptativas en los sistemas de apego de las personas.

Es importante destacar que la naturaleza dinámica del cambio de esquemas requiere un enfoque holístico que abarque tanto los esfuerzos individuales como las influencias del entorno. La colaboración entre personas, cuidadores y profesionales de la salud mental puede crear un entorno propicio para fomentar cambios adaptativos en los esquemas, mejorando así el bienestar general y el funcionamiento relacional. Reconocer la naturaleza multifacética de los mecanismos de cambio y adaptación de esquemas subraya la importancia de intervenciones integrales que aborden las dimensiones cognitiva, emocional y relacional, fomentando así un crecimiento y desarrollo óptimos.

8. Perspectivas longitudinales sobre la estabilidad del esquema:

Los estudios longitudinales centrados en la estabilidad de los modelos internos de trabajo han sido fundamentales para ampliar nuestra comprensión del apego y sus implicaciones a largo plazo. Estas investigaciones exhaustivas siguen a individuos durante períodos prolongados, proporcionando información valiosa sobre la persistencia y evolución de los esquemas cognitivos relacionados con el apego. Uno de los hallazgos fundamentales de la investigación longitudinal es la relativa estabilidad de los modelos internos de trabajo a lo largo del tiempo, especialmente en ausencia de eventos vitales significativos o intervenciones dirigidas a reestructurar estos esquemas. Esta estabilidad subraya el impacto de las experiencias tempranas de apego en el marco psicológico de las personas para relacionarse con los demás.

Estudios longitudinales han puesto de relieve que, si bien existe una tendencia general a que los modelos de trabajo internos muestren estabilidad, no son completamente inmutables. Ciertas transiciones vitales, como la formación de nuevas relaciones íntimas, la paternidad o la experiencia de una pérdida, pueden servir como catalizadores para reevaluar y reformular los esquemas cognitivos existentes. Estos momentos cruciales brindan oportunidades para que las personas revisen sus orientaciones de apego y las adapten a las exigencias de los contextos interpersonales en constante evolución.

El análisis de las trayectorias de estabilidad de los esquemas a lo largo de las diferentes etapas del desarrollo también ha aportado información crucial. Por ejemplo, investigaciones longitudinales han demostrado que los adolescentes y adultos jóvenes pueden presentar una mayor fluctuación en sus modelos de funcionamiento interno en comparación con los adultos mayores, lo que sugiere que estos esquemas están sujetos a cambios dinámicos durante las etapas formativas de la vida. Esta comprensión matizada pone de relieve la importancia de considerar las influencias contextuales y las tareas del desarrollo al evaluar la estabilidad de los esquemas cognitivos relacionados con el apego.

Las perspectivas longitudinales sobre la estabilidad de los esquemas han arrojado luz sobre la interacción entre las diferencias individuales y los factores ambientales en la configuración de las representaciones de apego a lo largo del tiempo. Mediante el seguimiento de individuos desde la infancia hasta la edad adulta, los investigadores han discernido cómo diversas experiencias, como el trauma, el apoyo o el estrés crónico, interactúan con rasgos inherentes de la personalidad para reforzar o desafiar la estabilidad de los modelos internos de trabajo. Este enfoque holístico promueve una comprensión más profunda de la naturaleza multifacética del apego y dilucida las complejas vías a través de las cuales se desarrolla la estabilidad de los esquemas a lo largo de la vida.

El rol del cuidador - Sensibilidad, capacidad de respuesta e influencias en el desarrollo

1. Sensibilidad en el contexto del cuidado:

La sensibilidad en el contexto del cuidado se refiere a la capacidad del cuidador para estar atento y responder a las necesidades y señales del niño. Implica la capacidad del cuidador para percibir, interpretar y responder adecuadamente a las señales, emociones y comportamientos del niño. Esta capacidad de respuesta es crucial para crear un vínculo de apego seguro, ya que le comunica al niño que sus necesidades son comprendidas y satisfechas, fomentando así una sensación de seguridad y confianza en la relación. La sensibilidad refleja la capacidad del cuidador para brindar consuelo, apoyo y orientación de forma adaptada al temperamento y estado emocional de cada niño. Esta adaptabilidad es esencial para promover un desarrollo socioemocional saludable y sentar las bases de futuras relaciones. Las investigaciones han demostrado sistemáticamente el impacto significativo del cuidado sensible en la regulación emocional, la competencia social y el bienestar general del niño. Además, se ha descubierto que los niños que reciben cuidados sensibles tienden a mostrar un afecto más positivo, mayor exploración y curiosidad, y mayor resiliencia ante el estrés o la adversidad. Comprender los matices de la sensibilidad en el cuidado implica reconocer la interacción dinámica entre el cuidador y el niño, así como los factores contextuales que pueden influir en la capacidad del cuidador para ser sensible y receptivo. Estos factores pueden incluir el estrés parental, la salud mental, las creencias culturales y el nivel socioeconómico, todos los cuales pueden influir en la calidad de las interacciones de cuidado. Es importante destacar que la sensibilidad no es sinónimo de indulgencia ni sobreprotección; más bien, implica un enfoque equilibrado que respeta la autonomía del niño, a la vez que le brinda el apoyo y la orientación necesarios. Desarrollar la sensibilidad como cuidador requiere reflexión, empatía y una actitud receptiva para sintonizar continuamente con las necesidades y emociones cambiantes del niño.

2. Capacidad de respuesta:

Durante la primera infancia, los padres que responden constantemente a las solicitudes de atención, consuelo y conexión de sus hijos proporcionan un marco seguro dentro del cual el niño puede explorar el mundo. Esta base segura es fundamental para fomentar un sentido de seguridad y confianza, permitiéndole aventurarse sabiendo que puede regresar a una fuente confiable de apoyo. Además, el cuidado receptivo fomenta el desarrollo de vínculos de apego fuertes, lo que permite a los niños formar modelos internos de trabajo seguros que influyen en sus futuras relaciones y resiliencia emocional.

Al considerar cuidadosamente las vocalizaciones, los gestos y las expresiones de los niños, los cuidadores receptivos demuestran validación y empatía, fomentando así un desarrollo socioemocional saludable. A medida que los niños crecen, las interacciones receptivas continúan fortaleciendo su autoestima, ya que internalizan la sensación de ser escuchados y comprendidos. Además, la receptividad constante ayuda a los niños a regular sus emociones y desarrollar estrategias de afrontamiento, lo que contribuye a su bienestar general y a su salud mental.

Una perspectiva evolutiva sobre la receptividad también destaca su papel en el desarrollo de las habilidades sociales y las conductas adaptativas de los niños. Mediante un cuidado sensible y receptivo, los niños aprenden a expresar sus necesidades, interpretar las intenciones de los demás y gestionar dinámicas sociales complejas. Además, la atención receptiva constante fomenta un sentido de seguridad, lo que les permite explorar y participar con confianza, promoviendo así la adquisición de nuevas habilidades y conocimientos.

Las investigaciones han demostrado que la receptividad parental se correlaciona con un mejor desarrollo del lenguaje, ya que la naturaleza recíproca de la toma de turnos en la conversación promueve la competencia y la comprensión lingüísticas. Al responder iterativamente a los intentos verbales del niño, los cuidadores facilitan su adquisición del lenguaje, facilitando el desarrollo de vocabulario, sintaxis y capacidades pragmáticas.

3. El impacto del cuidado consistente frente al inconsistente:

Cuando los cuidadores brindan de forma constante un cuidado afectuoso, receptivo y atento, los niños tienen mayor probabilidad de formar vínculos seguros. Estos vínculos seguros sientan las bases para un desarrollo socioemocional saludable, permitiéndoles explorar su entorno con confianza y buscar consuelo en sus cuidadores cuando lo necesitan. Por el contrario, un cuidado inconsistente, caracterizado por respuestas impredecibles, puede generar inseguridad y ansiedad en los niños.

Los estudios han demostrado que los niños que reciben cuidados constantes tienden a mostrar mayor resiliencia y adaptabilidad. Están mejor preparados para regular sus emociones, desarrollar relaciones de confianza y gestionar los desafíos sociales. Esta constancia fomenta una sensación de seguridad y previsibilidad, lo que les permite interiorizar un sentido positivo de autoestima y competencia. Por el contrario, un cuidado inconsistente puede dificultar la formación de apegos seguros, lo que genera inseguridad en el apego y podría afectar sus futuras relaciones y bienestar mental.

La inconsistencia en el cuidado puede manifestarse de diversas formas, como niveles fluctuantes de participación parental, una respuesta errática a las necesidades del niño y una disponibilidad impredecible. Estas inconsistencias pueden interrumpir la progresión natural del desarrollo del apego, ya que los niños pueden tener dificultades para comprender y predecir el comportamiento de sus cuidadores. Como resultado, pueden desarrollar hipervigilancia o ambivalencia en las relaciones, presentando patrones de apego inseguro caracterizados por ansiedad, evitación o desorganización.

El cuidado inconsistente se ha vinculado a consecuencias adversas, como una mayor reactividad al estrés, un deterioro de la autorregulación y dificultades para establecer confianza e intimidad. Los niños criados en entornos con un cuidado inconsistente pueden tener dificultades para establecer relaciones sanas con sus compañeros, gestionar el estrés y regular sus emociones eficazmente. Estas repercusiones pueden extenderse a la edad adulta, afectando potencialmente las relaciones románticas, las prácticas de crianza y el bienestar psicológico general.

4. Patrones de apego: seguro, evitativo, ambivalente y desorganizado:

En el campo de la teoría del apego, los investigadores han identificado distintos patrones de apego que surgen en las relaciones entre los niños y sus cuidadores. Estos patrones, establecidos durante la primera infancia, influyen significativamente en el desarrollo socioemocional del individuo y en su capacidad para formar y mantener relaciones a lo largo de su vida. Los cuatro patrones principales de apego son el seguro, el evitativo, el ambivalente y el desorganizado.

El apego seguro se caracteriza por el uso que el niño hace del cuidador como una base segura para explorar el mundo. Cuando el cuidador está presente, el niño se siente seguro y capaz de interactuar con el entorno, pero puede mostrar angustia al separarse. Los niños con apego seguro buscan consuelo y apoyo en sus cuidadores cuando se sienten angustiados y los aceptan con gusto cuando se les ofrecen.

Por el contrario, el apego evitativo se caracteriza por la aparente autosuficiencia del niño y su mínima búsqueda de proximidad con el cuidador. Estos niños pueden evitar o ignorar activamente al cuidador al reencontrarse con él tras un período de separación, mostrando escasas señales manifiestas de angustia. Este comportamiento refleja una expectativa aprendida de que sus necesidades de consuelo y seguridad no serán satisfechas.

El apego ambivalente se caracteriza por una respuesta inconsistente a la disponibilidad del cuidador. Los niños con este patrón de apego pueden mostrar mayor angustia al separarse, pero también ambivalencia o resistencia cuando el cuidador intenta brindarles consuelo al reunirse. Esto refleja su incertidumbre sobre la disponibilidad y la capacidad de respuesta del cuidador.

El patrón de apego desorganizado se caracteriza por comportamientos conflictivos, como buscar y evitar la proximidad simultáneamente o mostrar desorientación, aturdimiento o aprensión en presencia del cuidador. Este patrón suele surgir en el contexto de negligencia grave, abuso u otras formas de comportamiento parental que infunden miedo en el niño.

Comprender estos patrones de apego es crucial para los profesionales que trabajan con niños y familias, ya que aportan información sobre la dinámica de la relación entre el cuidador y el niño y pueden fundamentar intervenciones destinadas a fomentar vínculos de apego saludables. Además, reconocer y respetar la diversidad de patrones de apego entre culturas es esencial para brindar apoyo culturalmente sensible a niños y familias de diversos orígenes.

5. Variaciones culturales en las prácticas de cuidado y sus implicaciones:

Cada cultura tiene sus propios valores, sistemas de creencias y normas sociales que configuran el enfoque de la crianza, influyendo en la forma en que los cuidadores interactúan con sus hijos y los crían. Estas variaciones culturales en las prácticas de cuidado abarcan un amplio espectro, desde el énfasis en la independencia y la autosuficiencia en culturas individualistas hasta el ethos colectivista que prioriza la interdependencia y la armonía en sociedades comunitarias.

En culturas individualistas, como las predominantes en las sociedades occidentales, las prácticas de crianza suelen tender a fomentar la autonomía y la autoexpresión en los niños. Fomentar la independencia y la asertividad se considera esencial para el crecimiento y el éxito personal. En cambio, las culturas colectivistas, típicas de muchas sociedades asiáticas, africanas y latinoamericanas, priorizan la cohesión grupal y la interconexión familiar. En consecuencia, las conductas de cuidado en estas culturas suelen priorizar el fomento de las relaciones, la empatía y la cooperación, con énfasis en la preservación de la armonía social.

Las perspectivas culturales también influyen en el grado de énfasis que se otorga a dimensiones específicas de la crianza, como la calidez, el control, la disciplina y las expectativas educativas. Por ejemplo, algunas culturas pueden priorizar la disciplina estricta y el rendimiento académico como indicadores de una buena crianza, mientras que otras pueden valorar la cercanía emocional y el apoyo como principios centrales de un cuidado eficaz. Estas variaciones culturales moldean significativamente el desarrollo de los modelos de trabajo internos en los niños, influyendo en sus creencias sobre sí mismos, los demás y las relaciones.

Las implicaciones de las variaciones culturales en las prácticas de cuidado trascienden la unidad familiar inmediata, impactando las estructuras sociales y las dinámicas comunitarias en general. Comprender estas influencias culturales es crucial para los profesionales que trabajan con poblaciones diversas, incluyendo educadores, profesionales de la salud mental y legisladores. Es fundamental reconocer y respetar la diversidad de las prácticas de cuidado, a la vez que se brinda apoyo e intervenciones que tengan en cuenta los matices y el contexto cultural. Al reconocer y aceptar la diversidad cultural en el cuidado, los profesionales pueden promover enfoques inclusivos y equitativos para promover vínculos seguros y un desarrollo infantil saludable en diversos contextos culturales.

6. El estrés parental y su efecto en los estilos de crianza:

El estrés parental puede afectar significativamente los estilos de crianza y, en consecuencia, la calidad del cuidado que reciben los niños. Cuando los padres experimentan altos niveles de estrés, pueden tener dificultades para mostrar la paciencia, la constancia y la capacidad de respuesta necesarias para fomentar un apego seguro con sus hijos. Los efectos del estrés parental en los estilos de crianza pueden manifestarse de diversas maneras, como una menor disponibilidad emocional, problemas de comunicación y una menor capacidad para proporcionar un entorno estable y acogedor. En consecuencia, estos desafíos pueden provocar interrupciones en el desarrollo de patrones de apego seguro en los niños. Comprender la relación entre el estrés parental y los estilos de crianza es fundamental para crear intervenciones y sistemas de apoyo eficaces para las familias. Las investigaciones han demostrado sistemáticamente que los altos niveles de estrés pueden conducir a un aumento de estilos de crianza autoritarios o negligentes, ambos asociados con consecuencias negativas para los niños. La crianza autoritaria, caracterizada por reglas estrictas y disciplina sin calidez ni receptividad, puede contribuir a sentimientos de inseguridad y baja autoestima en los niños. Además, la crianza negligente, resultante de las abrumadoras exigencias del estrés, puede crear un entorno carente de apoyo emocional y atención constante, lo que puede derivar en dificultades relacionadas con el apego. Es fundamental abordar el estrés parental y sus implicaciones mediante intervenciones específicas, que incluyan técnicas de gestión del estrés, redes de apoyo social y servicios de salud mental. Al dotar a los padres de los recursos necesarios para gestionar el estrés eficazmente, se busca mitigar su posible impacto en los estilos de crianza y, en última instancia, promover dinámicas familiares más sanas y vínculos afectivos seguros. Reconocer la compleja interacción entre el estrés parental y los estilos de crianza también subraya la importancia de los enfoques holísticos para el apoyo a las familias, que aborden no solo el bienestar individual de los padres, sino también el contexto familiar en general.

7. Estudios longitudinales - Correlaciones entre el cuidado temprano y los resultados en la vida posterior:

Estudios longitudinales sobre las correlaciones entre el cuidado temprano y los resultados en la vida adulta han arrojado luz sobre el profundo impacto que la calidad de las interacciones con los cuidadores puede tener en el desarrollo a largo plazo de una persona. Estas extensas investigaciones han seguido a individuos desde la infancia hasta la edad adulta, documentando meticulosamente la naturaleza de sus experiencias tempranas de apego y, posteriormente, rastreando la trayectoria de su bienestar psicológico, emocional y social. Los hallazgos de estos estudios longitudinales han subrayado consistentemente la importancia crucial del cuidado temprano en la configuración del funcionamiento cognitivo y emocional a lo largo de la vida. La evidencia revela que los niños que experimentaron un cuidado sensible y receptivo tienden a exhibir mayor resiliencia y capacidad de adaptación hasta bien entrada la edad adulta. Además, estos individuos a menudo demuestran mayores niveles de competencia socioemocional, forjando relaciones más seguras y de confianza con los demás. Por el contrario, las personas que experimentaron un cuidado inconsistente o negligente en sus años de formación pueden mostrar una mayor vulnerabilidad a los problemas de salud mental, como la ansiedad, la depresión y las dificultades relacionales. Al dilucidar estos complejos vínculos entre el cuidado temprano y los resultados en la vida posterior, los estudios longitudinales han revelado la influencia que las conductas parentales ejercen en la adaptación psicológica y el bienestar general de los hijos. Además, este conjunto de investigaciones constituye un impulso convincente para el desarrollo de intervenciones dirigidas a fortalecer las capacidades parentales y a mitigar la transmisión intergeneracional de patrones negativos de cuidado. A medida que profundizamos en los hallazgos matizados de estos estudios longitudinales, se hace inequívocamente evidente que el impacto del cuidado temprano repercute a lo largo de la vida, influyendo significativamente en la propensión de un individuo a la resiliencia, la salud mental y la socialización. Las implicaciones de esta investigación se extienden mucho más allá del ámbito académico, permeando la práctica clínica, las políticas públicas y el discurso social, obligándonos a reevaluar la importancia fundamental de un cuidado cariñoso y empático para fomentar individuos prósperos y bien adaptados dentro de nuestras comunidades.

8. Intervenciones y sistemas de apoyo para mejorar las habilidades parentales:

Las intervenciones parentales y los sistemas de apoyo desempeñan un papel crucial en el fortalecimiento de las habilidades parentales, la promoción del desarrollo infantil saludable y el fomento de relaciones de apego seguras. Estos programas abarcan una amplia gama de estrategias destinadas a dotar a los cuidadores de los conocimientos, los recursos y el apoyo necesarios para optimizar sus prácticas de cuidado. Un enfoque destacado consiste en la impartición de talleres educativos y sesiones de capacitación centrados en áreas como técnicas de disciplina positiva, comunicación efectiva y la comprensión de las necesidades emocionales de los niños. Al empoderar a los padres con conocimientos basados en la evidencia y herramientas prácticas, estas intervenciones buscan fortalecer la confianza y la competencia parental, lo que en última instancia conduce a un cuidado más afectivo y receptivo. Además, los servicios de terapia y asesoramiento familiar ofrecen una valiosa plataforma para abordar dinámicas interpersonales, resolver conflictos y fortalecer el vínculo entre padres e hijos. A través de conversaciones guiadas e intervenciones terapéuticas, los cuidadores pueden explorar sus propias historias de apego, comprender mejor sus estilos de crianza y cultivar patrones relacionales más saludables dentro de la unidad familiar. Asimismo, las iniciativas comunitarias, como los grupos de apoyo para padres y los programas de desarrollo infantil temprano, proporcionan una red vital de apoyo entre pares, orientación y oportunidades de aprendizaje colaborativo. Estos entornos generan un sentido de pertenencia y solidaridad entre los cuidadores, ofreciendo vías para compartir experiencias, buscar asesoramiento y acceder a recursos comunitarios. Paralelamente, las iniciativas de divulgación de profesionales sanitarios, trabajadores sociales y especialistas en desarrollo infantil contribuyen a identificar familias en riesgo, ofrecer intervenciones específicas y conectar a los cuidadores con servicios esenciales. El uso de programas de visitas domiciliarias permite brindar apoyo personalizado, evaluaciones del desarrollo e intervenciones a medida dentro del contexto familiar del hogar. Además, la integración de herramientas tecnológicas, como aplicaciones móviles y recursos en línea, ofrece un acceso cómodo a información, guías interactivas para padres y comunidades virtuales, ampliando aún más el alcance de los servicios de apoyo parental. Finalmente, la promoción de políticas públicas y la inversión en iniciativas de educación infantil temprana contribuyen a generar cambios sistémicos que reconocen el papel fundamental de los cuidadores en la formación de la trayectoria de desarrollo de los niños. Al priorizar los recursos para el apoyo y la educación parental, las sociedades pueden promover una cultura de crianza que valore la sensibilidad, la capacidad de respuesta y el bienestar integral de los niños.

La dinámica del sistema de apego - Mecanismos de activación y desactivación

1. Factores desencadenantes del apego - El papel de las señales ambientales e internas:

El sistema de apego, profundamente arraigado en la historia evolutiva, es un mecanismo complejo y adaptativo que rige el comportamiento social y la regulación emocional humanos. Comprender los desencadenantes que lo activan o desactivan es crucial para comprender las relaciones humanas y el bienestar psicológico. Las señales ambientales abarcan una amplia gama de estímulos, como las interacciones sociales, la proximidad física y la dinámica relacional. Estas señales pueden provenir de cuidadores principales, pares, parejas o incluso desconocidos, y desempeñan un papel fundamental en la configuración de los patrones de apego de las personas. Además, factores contextuales como las normas culturales y las expectativas sociales contribuyen a la interpretación y relevancia de estos desencadenantes, influyendo así en las conductas relacionadas con el apego. Las señales internas, por otro lado, se refieren a las propias respuestas cognitivas, emocionales y fisiológicas del individuo a los estímulos relevantes para el apego. Estas pueden incluir recuerdos de experiencias relacionales pasadas, autopercepciones y estados afectivos, todos los cuales pueden tener un profundo impacto en la activación o desactivación del sistema de apego. Es fundamental reconocer que la interacción entre las señales externas e internas no solo es compleja, sino que también está sujeta a variaciones dinámicas a lo largo de las etapas del desarrollo y los contextos relacionales. Además, los avances en la investigación neurobiológica han esclarecido los mecanismos neuronales que subyacen al procesamiento de las señales de apego. Estudios de neuroimagen han revelado la participación de regiones cerebrales como la amígdala, la corteza prefrontal y la ínsula en la detección y respuesta a las señales relacionadas con el apego, lo que pone de relieve la interacción entre los procesos biológicos y la dinámica del apego. Estos hallazgos enfatizan la interconexión de los componentes psicológicos y fisiológicos en la orquestación de los desencadenantes del apego.

2. Fundamentos neurobiológicos del sistema de apego:

Los fundamentos neurobiológicos del sistema de apego ofrecen una perspectiva fascinante de los mecanismos que rigen la conexión y los vínculos humanos. En el centro de estos fundamentos se encuentra el concepto de neurotransmisores, hormonas y estructuras cerebrales que desempeñan un papel fundamental en la configuración de las conductas y respuestas de apego. Uno de los neurotransmisores clave involucrados en el apego es la oxitocina, a menudo denominada "hormona del amor" u "hormona del vínculo". La oxitocina se libera en respuesta a señales sociales como el tacto, el contacto visual y las interacciones cariñosas, lo que promueve sentimientos de confianza, empatía y cercanía. Diversos estudios han demostrado que un mayor nivel de oxitocina se asocia con una mayor vinculación social y conductas afiliativas, lo que destaca su importancia en el proceso de apego. Además, se ha implicado el papel de la dopamina, un neurotransmisor vinculado al placer y la recompensa, en el refuerzo de las conductas relacionadas con el apego. La activación de las vías de recompensa del cerebro en respuesta a las interacciones con las figuras de apego refuerza aún más la importancia de los componentes neurobiológicos para fomentar y mantener relaciones estrechas. Es importante destacar que las estructuras cerebrales involucradas en el procesamiento y la regulación de la información relacionada con el apego también son fundamentales para comprender su neurobiología. La corteza prefrontal, la amígdala y el hipocampo desempeñan papeles cruciales en la interpretación de señales sociales, la evaluación de amenazas y la codificación de memorias emocionales, respectivamente. Estas regiones cerebrales trabajan en armonía para facilitar el reconocimiento de los desencadenantes del apego, la regulación de las respuestas emocionales y la formación de modelos internos de trabajo que influyen en futuros patrones relacionales. Además, la interacción continua entre los sustratos neurobiológicos del sistema de apego y los estímulos ambientales subraya la naturaleza dinámica de los procesos de apego. Las experiencias ambientales y la dinámica del cuidado pueden moldear el desarrollo y el funcionamiento de los circuitos neuronales involucrados en el apego, contribuyendo a las diferencias individuales en los estilos de apego y las estrategias adaptativas. Esta interacción dinámica entre la biología y el entorno resalta la naturaleza compleja y matizada del sistema de apego, enfatizando la necesidad de una comprensión holística que incorpore tanto las dimensiones neurobiológicas como las psicosociales.

3. El proceso de activación:

Cuando las personas se enfrentan a situaciones o estímulos que indican un posible daño o peligro, el sistema de apego se activa para impulsar acciones protectoras y buscar la proximidad de una figura segura. Este proceso implica una compleja interacción de mecanismos cognitivos, emocionales y conductuales que han sido moldeados por fuerzas evolutivas y experiencias tempranas de cuidado.

En esencia, la activación implica el reconocimiento e interpretación de señales que indican posibles amenazas al bienestar. Estas señales pueden ser tanto externas, como ruidos fuertes repentinos o un peligro físico inminente, como internas, como sentimientos de ansiedad, incertidumbre o angustia. El sistema neuronal del cerebro orquesta la rápida evaluación y procesamiento de estas señales, lo que a menudo aumenta la vigilancia y la disposición para la acción. Además, las experiencias y recuerdos pasados almacenados en los modelos de funcionamiento internos influyen en cómo las personas perciben y responden a estos desencadenantes, lo que pone de relieve el importante impacto de las relaciones de apego tempranas en el funcionamiento posterior.

Al detectar una amenaza potencial, el sistema de apego del individuo se activa, desencadenando una cascada de respuestas fisiológicas y psicológicas destinadas a reducir el riesgo percibido y restablecer la sensación de seguridad. Estas respuestas pueden manifestarse como mayor excitación, hipervigilancia y una mayor necesidad de proximidad a un cuidador o figura de apego de confianza. Es importante destacar que la búsqueda de proximidad sirve como estrategia adaptativa primaria para regular las emociones, recibir consuelo y obtener apoyo en momentos de angustia, promoviendo así el restablecimiento del equilibrio emocional.

El proceso de activación también implica la interacción dinámica entre la percepción individual de la amenaza y la disponibilidad y capacidad de respuesta de la figura de apego. Si la figura se percibe como accesible y comprensiva, es más probable que la persona busque y reciba consuelo, lo que reduce la activación fisiológica y alivia la angustia. Sin embargo, si la figura de apego se percibe como distante, indiferente o poco fiable, la persona puede experimentar estados prolongados de angustia y tener dificultades para controlar eficazmente sus emociones negativas.

El proceso de búsqueda de proximidad y la consiguiente respuesta de la figura de apego sientan las bases para el desarrollo y mantenimiento de patrones de apego seguros o inseguros. Un cuidado constante y sensible fomenta una base segura desde la cual las personas pueden explorar su entorno con confianza y afrontar los desafíos, mientras que un cuidado inconsistente o inadecuado puede conducir a la formación de estilos de apego inseguros, caracterizados por dificultades para regular las respuestas emocionales y gestionar el estrés.

4. Patrones de desactivación:

Los patrones de desactivación del sistema de apego reflejan diversas estrategias que utilizan las personas para mitigar la angustia y regular sus emociones ante amenazas o factores estresantes percibidos. Estos patrones de desactivación pueden manifestarse de diversas maneras, como el distanciamiento emocional, la desconexión cognitiva y la supresión activa de pensamientos y sentimientos relacionados con el apego. Estas estrategias suelen ser respuestas adaptativas destinadas a reducir la ansiedad y mantener un sentido de equilibrio psicológico. El distanciamiento emocional implica crear una barrera emocional interna para protegerse de sentimientos abrumadores de vulnerabilidad o dependencia, lo que resulta en una menor dependencia del apoyo ajeno. La desconexión cognitiva implica desviar la atención de las preocupaciones relacionadas con el apego, lo que permite a las personas aliviar temporalmente la angustia centrándose en actividades o pensamientos alternativos. La supresión activa de pensamientos y sentimientos relacionados con el apego implica esfuerzos conscientes para inhibir la activación del sistema de apego, minimizando eficazmente el impacto de las señales relacionadas con el apego en los estados emocionales. Si bien estos patrones de desactivación pueden ofrecer un alivio a corto plazo de la angustia, también pueden obstaculizar la posibilidad de establecer apegos seguros y limitar la profundidad de las conexiones relacionales. La influencia de los estilos de apego en las estrategias de desactivación es notable, ya que las personas con tendencias de apego evitativo pueden presentar formas más pronunciadas de desactivación, mientras que quienes presentan estilos de apego ansiosos pueden presentar patrones cíclicos de activación y desactivación. Factores contextuales como las experiencias pasadas, las redes de apoyo social y las normas culturales influyen aún más en el uso de las estrategias de desactivación. Comprender estos patrones es fundamental no solo para comprender las diferencias individuales en las conductas de apego, sino también para fundamentar intervenciones terapéuticas dirigidas a promover dinámicas de apego seguras y adaptativas.

5. Estilos de apego y su influencia en la dinámica de activación/desactivación:

Los estilos de apego, categorizados como seguro, ansioso-preocupado, desdeñoso-evitativo y temeroso-evitativo, se establecen durante las interacciones tempranas con los cuidadores principales y continúan influyendo en las relaciones interpersonales a lo largo de la vida. Comprender cómo estos estilos de apego impactan las dinámicas de activación y desactivación es crucial para comprender las respuestas conductuales de una persona a las situaciones relacionadas con el apego. El estilo de apego seguro, caracterizado por una visión positiva de sí mismo y de los demás, tiende a promover una regulación eficaz del sistema de apego. Las personas con un estilo de apego seguro demuestran un enfoque equilibrado hacia la búsqueda de proximidad y la exploración, lo que les permite gestionar eficazmente los procesos de activación y desactivación. Por el contrario, las personas con un estilo de apego ansioso-preocupado suelen presentar una hiperactivación del sistema de apego, lo que conlleva una mayor vigilancia, una búsqueda exagerada de proximidad y dificultades para calmarse cuando se sienten angustiadas. Este patrón de sobreactivación puede dificultar la desactivación del sistema de apego, prolongando a menudo la angustia e impidiendo el retorno a la sensación de seguridad. Por otro lado, las personas con un estilo de apego despectivo-evitativo pueden adoptar una estrategia de desactivación del sistema de apego mediante el mantenimiento de la distancia emocional y la autosuficiencia. Este enfoque puede llevar a minimizar la percepción de amenaza, pero también puede obstaculizar la expresión de necesidades y emociones genuinas. Además, las personas con un estilo de apego temeroso-evitativo experimentan una combinación de hiperactivación y desactivación, oscilando entre una intensa búsqueda de proximidad y conductas de evitación. Su dificultad para regular el sistema de apego puede deberse a deseos conflictivos de cercanía y al miedo al rechazo o al daño. Es importante reconocer que los estilos de apego no son fijos, sino que pueden verse influenciados por experiencias posteriores y dinámicas relacionales. Las intervenciones dirigidas a modificar los estilos de apego han demostrado ser prometedoras para promover patrones de activación y desactivación más adaptativos, fomentando una mayor satisfacción relacional y bienestar emocional.

6. El papel de la ansiedad y la evitación en la modulación del sistema:

La ansiedad y la evitación son componentes clave en la modulación del sistema de apego, ejerciendo una profunda influencia en las respuestas de las personas a las interacciones sociales, la intimidad emocional y la dinámica relacional. Dentro del marco de la teoría del apego, el apego ansioso implica una mayor sensibilidad a las señales de posible rechazo o abandono, lo que a menudo resulta en una hiperactivación del sistema de apego. Las personas con tendencias de apego ansioso pueden exhibir una necesidad persistente de consuelo, reacciones emocionales intensas ante amenazas percibidas a la relación y una propensión a participar en conductas de protesta cuando se sienten inseguras. Por otro lado, la evitación, como un estilo de apego opuesto, se manifiesta como un retiro deliberado de las conexiones emocionales íntimas y una supresión de las necesidades relacionadas con el apego. Esta desactivación defensiva del sistema de apego sirve para minimizar la vulnerabilidad y mantener la independencia, pero a menudo conduce al distanciamiento emocional y a la reticencia a depender del apoyo de los demás. Comprender la interacción entre la ansiedad y la evitación es crucial para comprender la modulación del sistema de apego, ya que estas dos dimensiones interactúan de manera compleja para moldear las conductas relacionales y las estrategias de afrontamiento de las personas. Las investigaciones han demostrado que las personas con estilos de apego ansioso y evitativo pueden experimentar conflicto interno y ambivalencia al gestionar las relaciones interpersonales, lo que lleva a una oscilación entre intentos desesperados de cercanía y un desapego defensivo. Además, la presencia de factores estresantes crónicos, traumas no resueltos o experiencias de cuidado inconsistentes pueden exacerbar la manifestación de la ansiedad y la evitación, complicando aún más la modulación del sistema de apego. Reconocer el impacto de estos patrones de apego en la regulación emocional, la comunicación y la resolución de conflictos es fundamental en entornos clínicos y terapéuticos, ya que proporciona información valiosa sobre la dinámica subyacente de la angustia relacional y los mecanismos de afrontamiento desadaptativos.

7. Influencias psicosociales:

La dinámica del sistema de apego está estrechamente entrelazada con influencias psicosociales que abarcan diversos factores estresantes, fuentes de apoyo y factores de estabilidad. Los factores estresantes, ya sean agudos o crónicos, desempeñan un papel significativo en la configuración de los patrones y comportamientos de apego de las personas. Ante el estrés, el sistema de apego se activa, lo que a menudo lleva a las personas a buscar la proximidad de sus figuras de apego en busca de consuelo y seguridad. Además, la naturaleza e intensidad de los factores estresantes pueden afectar la modulación de la evitación y la ansiedad dentro del sistema de apego, influyendo en las estrategias de afrontamiento de la persona. Comprender la diversa gama de factores estresantes que pueden afectar la dinámica del apego es crucial para comprender las complejidades del comportamiento humano en las relaciones. Igualmente importantes son las fuentes de apoyo disponibles para las personas en momentos de estrés. Las relaciones de apoyo proporcionan un amortiguador vital contra los efectos negativos del estrés en los procesos de apego, promoviendo una sensación de seguridad y confianza que fomenta respuestas adaptativas a situaciones desafiantes. Ya sea la presencia de un cuidador receptivo en el desarrollo temprano o el apoyo de parejas románticas y amigos cercanos en la edad adulta, la disponibilidad de vínculos de apoyo refuerza la capacidad de las personas para gestionar los altibajos de la vida con mayor resiliencia. Además, los factores de estabilidad, como la constancia en el cuidado, la previsibilidad del entorno y la constancia relacional, contribuyen al establecimiento de un apego seguro y sirven como pilares fundamentales para el bienestar emocional. Las variaciones en estos factores de estabilidad pueden dar forma a las trayectorias de apego a lo largo de la vida, lo que ilustra el impacto de las influencias psicosociales en la dinámica del apego. Reconocer la interacción entre los factores estresantes, el apoyo y los factores de estabilidad dilucida la complejidad del sistema de apego y subraya la importancia de considerar elementos contextuales más amplios para comprender los matices del apego humano.

8. Perspectiva de la vida - Cambios en los patrones de activación/desactivación a lo largo del tiempo:

A medida que las personas progresan en la vida, la dinámica de su sistema de apego experimenta transformaciones significativas. Desde los primeros años de formación hasta las etapas posteriores del desarrollo y la edad adulta, las diversas experiencias e influencias ambientales configuran los patrones de activación y desactivación dentro del sistema de apego. En la infancia y la primera infancia, la dependencia de los cuidadores primarios es crucial para la supervivencia, lo que resulta en una mayor sensibilidad a las señales que desencadenan las conductas de apego. Durante esta etapa, la activación del sistema de apego ocurre con frecuencia en respuesta a amenazas o factores estresantes percibidos, siendo la búsqueda de proximidad a figuras seguras el principal mecanismo de afrontamiento. Sin embargo, a medida que los niños crecen y adquieren mayor autonomía, la necesidad de mantener la proximidad puede fluctuar, lo que provoca cambios en la frecuencia e intensidad de los procesos de activación y desactivación. La adolescencia marca un período de mayor búsqueda de independencia y exploración, lo que puede influir aún más en la dinámica del sistema de apego. El equilibrio entre el deseo de autonomía y la necesidad continua de apoyo emocional de las figuras de apego a menudo configura los patrones de activación y desactivación durante esta fase de transición. A medida que las personas transitan hacia la edad adulta, la formación de relaciones íntimas y el establecimiento de nuevos roles de cuidado pueden alterar significativamente los mecanismos de activación y desactivación. La interacción entre las relaciones románticas, las responsabilidades parentales y las exigencias profesionales contribuye a la dinámica cambiante del sistema de apego. Además, factores como la pérdida, el trauma y las transiciones vitales importantes pueden provocar cambios pronunciados en los patrones de activación y desactivación a lo largo de la vida, lo que influye en cómo las personas buscan y utilizan las conexiones interpersonales para sentirse cómodas y seguras. Comprender estas perspectivas sobre la dinámica del apego a lo largo de la vida proporciona información valiosa sobre el comportamiento humano, la salud mental y las relaciones interpersonales.

Exploración, base segura y autonomía

1. El fenómeno de la base segura - Orígenes y funciones:

El concepto de base segura, que surge del trabajo pionero de John Bowlby, se refiere al rol del cuidador principal o figura de apego al proporcionar una base segura y confiable desde la cual una persona puede explorar su entorno con confianza. Este fenómeno es crucial no solo en la infancia, sino también para moldear las relaciones adultas y el bienestar emocional. La base segura ofrece un refugio de seguridad y apoyo, permitiendo a las personas explorar con la confianza de contar con una fuente confiable de consuelo a la que recurrir cuando lo necesiten.

Las funciones de la base segura son multifacéticas. Sirve como fuente de protección y seguridad, permitiendo a las personas aventurarse en lo desconocido con la certeza de que una figura de apego segura permanece disponible para brindar consuelo y guía en momentos de angustia. De esta manera, la base segura actúa como un amortiguador contra la ansiedad y el miedo, fomentando un sentido de resiliencia emocional y seguridad en uno mismo. Además, facilita el desarrollo de la confianza y la empatía, sentando las bases para una dinámica relacional saludable y las interacciones sociales.

Proporcionar una base segura fomenta el desarrollo de la autonomía y la autorregulación. Al contar con una base sólida a la que recurrir cuando sea necesario, las personas pueden desarrollar gradualmente sus capacidades para explorar, aprender y crecer de forma independiente, manteniendo al mismo tiempo la seguridad fundamental de una figura de apego que las apoye. Este delicado equilibrio entre seguridad y autonomía es fundamental para la progresión saludable de los hitos del desarrollo y el desarrollo de un sólido sentido de identidad.

Los orígenes del fenómeno de la base segura se remontan a observaciones de las interacciones entre bebés y cuidadores, donde se descubrió que la naturaleza receptiva y sensible del apoyo del cuidador influía significativamente en la capacidad del niño para explorar y aprender. Estas experiencias tempranas sientan las bases de los modelos de trabajo internos, que configuran las expectativas de las personas respecto a las relaciones y los patrones de apego a lo largo de su vida.

2. Desarrollo de la autonomía en el contexto del apego:

El desarrollo de la autonomía abarca la capacidad del individuo para actuar de forma independiente y tomar decisiones basadas en su capacidad de acción personal. En el contexto de la teoría del apego, el desarrollo de la autonomía es... Estrechamente vinculado a la calidad de las experiencias de cuidado temprano y al establecimiento de patrones de apego seguro. Durante la infancia y la primera infancia, la adquisición gradual de autonomía está estrechamente relacionada con la exploración del entorno por parte del niño y el desarrollo de un sentido de dominio y competencia. La interacción entre la necesidad de seguridad y el deseo de independencia configura la trayectoria del desarrollo de la autonomía en el marco del apego. Los apegos seguros proporcionan una base que fomenta la confianza del niño para emprender conductas exploratorias, sabiendo que cuenta con un refugio seguro al que regresar si lo necesita. Estas experiencias tempranas sientan las bases para el desarrollo de un equilibrio saludable entre la búsqueda de apoyo de los cuidadores y el avance hacia actividades autónomas. Los niños con apegos seguros tienden a mostrar mayor resiliencia y seguridad en sí mismos al abordar nuevas experiencias, ya que la base segura que les ofrecen sus cuidadores les permite afrontar los desafíos con mayor confianza. Por el contrario, los patrones de apego inseguros pueden obstaculizar el desarrollo de la autonomía, lo que provoca dificultades para gestionar las separaciones, mayor ansiedad durante las conductas exploratorias y una iniciativa limitada para la toma de decisiones independiente. Comprender el desarrollo de la autonomía en el contexto del apego permite a cuidadores y profesionales comprender el delicado equilibrio necesario para apoyar a los niños a establecer una base sólida de autosuficiencia, manteniendo al mismo tiempo una base segura de seguridad y consuelo. Reconocer el impacto de las experiencias tempranas de apego en el desarrollo de la autonomía también subraya la importancia de brindar un cuidado receptivo y sensible, ya que estos factores pueden influir significativamente en el desarrollo del sentido de agencia y autonomía del niño.

3. El concepto de equilibrar la seguridad con la exploración:

En el marco de la teoría del apego, el concepto de equilibrar la seguridad con la exploración tiene un peso significativo para comprender la dinámica del desarrollo humano. Las perspectivas teóricas ofrecen información invaluable sobre el delicado equilibrio entre la búsqueda de la independencia y la necesidad de una base segura. Un marco teórico destacado es la perspectiva evolutiva, que postula que la inclinación a la exploración es un rasgo adaptativo que se desarrolla a lo largo de las generaciones. Esta perspectiva enfatiza el papel del cuidador como fuente de protección y apoyo, permitiendo al individuo aventurarse en territorios desconocidos con la confianza de una base segura a la que regresar. Además, subraya la ventaja evolutiva de equilibrar las conductas de riesgo con la comodidad de un refugio seguro, fomentando la resiliencia y la adaptabilidad. Otra perspectiva influyente es el enfoque psicodinámico, que profundiza en la interacción entre los impulsos internos y las influencias externas. Desde esta perspectiva, la búsqueda de la exploración simboliza la búsqueda de autonomía y autorrealización, mientras que la base segura representa el soporte fundamental necesario para gestionar las complejidades del mundo. Esta perspectiva destaca la importancia del apego temprano en el desarrollo de la capacidad del individuo para una exploración e independencia saludables. Además, la perspectiva cognitivo-conductual ofrece una perspectiva a través de la cual se pueden comprender los procesos cognitivos que subyacen a la interacción entre seguridad y exploración. Enfatiza cómo los modelos internos de trabajo y los esquemas cognitivos influyen en la percepción de seguridad del individuo y su propensión a explorar el entorno. Esta perspectiva destaca el papel crucial de las experiencias tempranas en la formación de las creencias del individuo sobre su capacidad para buscar nuevas experiencias, al tiempo que cuenta con una base sólida en la que apoyarse.

4. La interacción entre dependencia e independencia:

Un aspecto fundamental de la teoría del apego es comprender el delicado equilibrio entre la dependencia y la independencia en el contexto de las relaciones humanas. La interacción entre estos dos constructos es crucial para moldear el desarrollo y el bienestar general de una persona. La dependencia denota la dependencia de otros para obtener apoyo emocional, validación y seguridad, mientras que la independencia se refiere a la capacidad de afirmarse, tomar decisiones autónomas y perseguir metas personales. Esta interacción dinámica entre dependencia e independencia está profundamente arraigada en el sistema de apego, ya que refleja la naturaleza dual de las necesidades humanas de conexión y autonomía.

La teoría del apego postula que un desarrollo psicológico saludable implica la transición gradual desde un estado de dependencia total en la infancia hasta alcanzar una sensación de independencia segura en la edad adulta. Sin embargo, esta transición no es lineal ni uniforme en todos los individuos, y la interacción entre dependencia e independencia continúa evolucionando a lo largo de la vida. Las experiencias tempranas con los cuidadores influyen significativamente en cómo las personas equilibran su dependencia de los demás y su búsqueda de autonomía. Un apego seguro proporciona una base sólida para que las personas exploren y afirmen su independencia, sabiendo que cuentan con una figura de apoyo disponible cuando la necesiten. Por el contrario, los apegos inseguros pueden conducir a una dependencia excesiva o a la evitación de la intimidad, lo que dificulta el desarrollo de una independencia saludable.

La interacción entre dependencia e independencia está íntimamente ligada a la regulación emocional y la autoestima. Las personas con apegos seguros tienden a demostrar mejores habilidades de regulación emocional, lo que les permite experimentar tanto la dependencia como la independencia sin temor al abandono ni al rechazo. Por el contrario, quienes tienen apegos inseguros pueden tener dificultades para encontrar un equilibrio, lo que lleva a períodos de dependencia excesiva seguidos de intentos de imponer excesivamente su independencia como mecanismo de defensa.

Las normas sociales y culturales desempeñan un papel importante en la interacción entre la dependencia y la independencia. Las expectativas culturales respecto a la interdependencia dentro de las familias o comunidades pueden influir en la actitud de las personas hacia la búsqueda de apoyo en lugar de la autonomía. Además, las normas y expectativas de género también pueden influir en cómo se perciben y expresan la dependencia y la independencia. Comprender estas influencias ambientales es fundamental para abordar de forma integral la interacción entre la dependencia y la independencia en las dinámicas de apego.

5. Influencias ambientales en la exploración y el apego:

El entorno desempeña un papel crucial en la interacción entre la exploración y el apego en los individuos. Las influencias ambientales abarcan una amplia gama de factores, como las normas culturales, la dinámica familiar, el nivel socioeconómico y las estructuras comunitarias. Estas influencias pueden afectar significativamente la capacidad de un individuo para la exploración autónoma, manteniendo al mismo tiempo relaciones de apego seguras. Las normas y prácticas culturales configuran las expectativas y los límites en torno a la exploración y el apego dentro de una sociedad. Por ejemplo, las culturas que priorizan la independencia pueden fomentar la autonomía temprana en los niños, mientras que las sociedades colectivistas pueden enfatizar la interdependencia y los lazos familiares estrechos. Estas diferencias culturales pueden influir en el desarrollo de los estilos de apego y en el grado de conductas exploratorias permisibles en estos contextos.

La dinámica familiar, en particular las relaciones entre padres e hijos, constituye la base fundamental del apego y la exploración. Un cuidado receptivo y de apoyo fomenta una sensación de seguridad que permite a los niños explorar su entorno con confianza, sabiendo que cuentan con un refugio seguro al que regresar si lo necesitan. Por el contrario, un cuidado inconsistente o negligente puede obstaculizar la exploración del niño e impedir la formación de apegos seguros. Además, el nivel socioeconómico puede afectar el acceso a recursos, las oportunidades de exploración y la calidad de las experiencias de apego. Los niños de niveles socioeconómicos más altos pueden beneficiarse de entornos enriquecedores que faciliten la exploración, mientras que aquellos que enfrentan dificultades económicas pueden encontrar barreras para el descubrimiento autónomo.

Las estructuras comunitarias también influyen, ya que la disponibilidad de entornos seguros y estimulantes puede promover o dificultar la exploración. El acceso a espacios al aire libre seguros, instalaciones recreativas y recursos educativos puede impulsar o limitar las oportunidades de exploración de las personas. Además, las redes de apoyo social dentro de las comunidades contribuyen a la formación de vínculos seguros al brindar validación emocional, orientación y un sentido de pertenencia a las personas que emprenden sus viajes exploratorios.

6. Desafíos para lograr la autonomía dentro de vínculos seguros:

Lograr la autonomía dentro de apegos seguros presenta un desafío multifacético tanto para los niños como para los cuidadores. Si bien los apegos seguros proporcionan una base de seguridad y apoyo, el proceso de fomentar la autonomía puede enfrentar diversos obstáculos. Un desafío importante radica en encontrar el delicado equilibrio entre fomentar la independencia y mantener una base segura. Los cuidadores pueden tener dificultades para permitir que los niños exploren y asuman riesgos, garantizando al mismo tiempo su seguridad y bienestar. Además, los niños pueden experimentar conflictos entre su deseo de autonomía y la comodidad de la figura de apego familiar, lo que genera confusión y ambivalencia internas. Asimismo, las expectativas sociales y las normas culturales pueden imponer restricciones a la expresión de la autonomía en el contexto de los apegos seguros. Estas presiones externas pueden complicar el desarrollo de la autonomía dentro del marco del apego. Asimismo, a medida que los niños se esfuerzan por lograr la independencia, pueden encontrar resistencia interna derivada de sus dinámicas de apego, como la culpa o el miedo a poner en peligro la relación segura. Este conflicto interno puede impedir la progresión natural hacia la autonomía y puede requerir orientación y apoyo intencionales por parte de los cuidadores. Otro desafío crucial para lograr la autonomía en apegos seguros es reconocer que esta no equivale a desapego emocional. Es fundamental enfatizar que el desarrollo de la autonomía se produce en un contexto de conexión emocional y seguridad relacional. Cultivar esta comprensión puede prevenir malentendidos y conceptos erróneos en torno a la búsqueda de la independencia dentro del sistema de apego. Además, mantener una comunicación abierta y la confianza en la relación cuidador-niño es esencial para gestionar los desafíos del desarrollo de la autonomía. Lograr un equilibrio entre brindar apoyo y permitir la libertad de exploración exige esfuerzo constante y flexibilidad. A pesar de estos desafíos, fomentar la autonomía en apegos seguros es vital para promover un desarrollo saludable y la resiliencia.

7. Implicaciones para los cuidadores - Estrategias que promueven un crecimiento equilibrado

Los cuidadores desempeñan un papel fundamental en el desarrollo infantil, en particular al fomentar apegos seguros y promover un crecimiento equilibrado. Comprender las implicaciones de la teoría del apego en las prácticas de cuidado es crucial para crear un entorno que fomente la exploración, la seguridad y la independencia en los niños.

Ante todo, es fundamental que los cuidadores proporcionen una base segura desde la cual los niños puedan aventurarse a explorar el mundo. Al ofrecer un entorno seguro y de apoyo, los cuidadores sientan las bases para que los niños desarrollen un sentido de competencia y autonomía. Fomentar la exploración, a la vez que se les ofrece consuelo y seguridad, crea un apego seguro, infundiendo confianza en los niños para que expandan gradualmente sus límites.

Fomentar la autonomía en los niños implica respetar sus decisiones y brindarles oportunidades para tomarlas dentro de los límites adecuados. Los cuidadores pueden empoderarlos permitiéndoles tomar decisiones apropiadas para su edad y responsabilizarse de sus acciones, reforzando así su sentido de independencia. Este enfoque no solo fomenta la autosuficiencia, sino que también fortalece el vínculo entre los cuidadores y los niños, ya que reconoce la individualidad y la autonomía del niño.

De acuerdo con la teoría del apego, el cuidado receptivo es fundamental para promover un crecimiento equilibrado. Los cuidadores deben estar atentos a las necesidades emocionales de los niños, ofreciéndoles apoyo y tranquilidad cuando se enfrentan a dificultades durante sus actividades exploratorias. Demostrar sensibilidad a las señales y emociones de los niños fomenta un apego seguro, fomentando la resiliencia y la regulación emocional. Al brindar una presencia confiable, los cuidadores facilitan el desarrollo de un modelo interno de trabajo sólido, lo que mejora la capacidad de los niños para forjar relaciones saludables y afrontar el estrés a lo largo de sus vidas.

Crear un entorno enriquecedor que promueva la comunicación abierta y la validación de las experiencias de los niños es fundamental para promover un crecimiento equilibrado. Los cuidadores deben esforzarse por establecer una cultura de confianza y comprensión, donde los niños se sientan cómodos expresando sus pensamientos y sentimientos. Al reconocer y validar sus experiencias, los cuidadores reafirman sus emociones y perspectivas, fomentando un apego seguro que fomenta una sana autoestima y bienestar emocional.

Por último, los cuidadores deben reconocer la importancia de su propio bienestar para promover el crecimiento equilibrado de los niños. El autocuidado es fundamental para mantener la disponibilidad emocional y la capacidad de respuesta necesarias para fomentar apegos seguros. Construir una red de apoyo, buscar orientación cuando sea necesario y priorizar su propia salud mental y emocional les permite proporcionar un entorno enriquecedor, esencial para fomentar la exploración, la seguridad y la independencia de los niños.

Mantenimiento de proximidad y refugio seguro

1. Perspectivas históricas sobre los comportamientos de búsqueda de proximidad:

A lo largo de la historia, el estudio de las conductas de búsqueda de proximidad se ha visto influenciado por diversas disciplinas, como la psicología, la etología y la biología evolutiva. Los orígenes de estas conductas se remontan a los primeros trabajos de etólogos de renombre como Konrad Lorenz y Nikolaas

Tinbergen, quienes observaron y documentaron las tendencias instintivas de los animales jóvenes a buscar la proximidad de sus cuidadores en busca de seguridad. Estas observaciones pioneras sentaron las bases para comprender la naturaleza innata de las conductas de búsqueda de proximidad tanto en especies humanas como no humanas.

En el campo de la psicología, el concepto de la teoría del apego, desarrollado por John Bowlby a mediados del siglo XX, proporcionó un marco innovador para comprender las raíces históricas de las conductas de búsqueda de proximidad. La teoría de Bowlby enfatizó la importancia adaptativa del mantenimiento de la proximidad y la provisión de refugio seguro como componentes fundamentales del sistema de apego. Además, Bowlby se basó en perspectivas del psicoanálisis, la psicología cognitiva y la psicología del desarrollo para construir un modelo integral del apego que integraba perspectivas históricas sobre las conductas de búsqueda de proximidad.

La evolución histórica de la investigación sobre las conductas de búsqueda de proximidad también se extiende a los estudios transculturales, donde antropólogos y sociólogos han investigado cómo las diferentes normas sociales y prácticas de cuidado influyen en la manifestación de las conductas relacionadas con el apego. La investigación transcultural ha revelado que, si bien los motivos fundamentales para el mantenimiento de la proximidad son universales, las formas y expresiones específicas de estas conductas varían en diversos contextos culturales. Al explorar factores históricos y culturales, los investigadores han obtenido información valiosa sobre la naturaleza adaptativa y contextual de las conductas de búsqueda de proximidad.

Las perspectivas históricas sobre las conductas de búsqueda de proximidad se han ampliado gracias al surgimiento de la neurociencia y la neurobiología, que han profundizado en los mecanismos neuronales subyacentes y los circuitos cerebrales asociados con los procesos relacionados con el apego. La integración de los hallazgos neurocientíficos con la comprensión histórica proporciona una visión multidimensional de las conductas de búsqueda de proximidad, dilucidando la interacción entre las predisposiciones biológicas y las influencias ambientales en la configuración de la dinámica del apego.

2. Mecanismos de mantenimiento de la proximidad en la primera infancia:

En la primera infancia, los mecanismos de mantenimiento de la proximidad desempeñan un papel crucial en el desarrollo de los vínculos de apego. Los niños dependen de estos mecanismos para asegurar la cercanía y la conexión con sus cuidadores principales, quienes les brindan seguridad y consuelo. Un mecanismo fundamental es el uso de conductas de búsqueda de proximidad, donde los niños buscan activamente la cercanía física con sus figuras de apego. Esto puede implicar extender la mano para el contacto, aferrarse o seguir al cuidador de una habitación a otra. Además, se emplean señales no verbales como el contacto visual, las expresiones faciales y los gestos para mantener la proximidad. A través de estas conductas, los niños establecen una sensación de seguridad y previsibilidad en su entorno.

Los niños pequeños suelen protestar ante la separación como forma de mantener la proximidad. Al separarse de sus figuras de apego, pueden mostrar angustia y llorar en un intento por recuperar la cercanía que desean. Esta respuesta innata refleja la importancia de mantener la proximidad en la primera infancia y resalta la importancia emocional de las relaciones de apego.

Otro aspecto clave del mantenimiento de la proximidad en la primera infancia es el concepto de objetos simbólicos de seguridad, como una manta o un peluche favorito. Estos objetos sirven como objetos de transición que brindan a los niños una sensación de continuidad y seguridad, permitiéndoles mantener la proximidad incluso en ausencia de sus cuidadores principales. La presencia de estos objetos puede mitigar los sentimientos de angustia y ansiedad, ofreciendo a los niños una representación tangible de la base segura que les brindan sus cuidadores.

El establecimiento de rutinas y rituales contribuye a mantener la proximidad en la primera infancia. Las actividades cotidianas habituales, como las rutinas para acostarse, las comidas y el juego, crean una sensación de previsibilidad y seguridad en los niños. Estas rutinas no solo facilitan el mantenimiento de la proximidad, sino que también promueven un entorno de apoyo y cuidado, reforzando el vínculo de apego entre el niño y su cuidador.

Comprender los mecanismos de mantenimiento de la proximidad en la primera infancia es esencial para comprender los fundamentos de las relaciones de apego. Esto subraya la importancia de estas experiencias tempranas en la configuración del panorama emocional de los individuos, sentando las bases para el desarrollo socioemocional futuro. Reconocer las diversas maneras en que los niños mantienen la proximidad proporciona información valiosa sobre la dinámica del apego y fundamenta estrategias para promover relaciones de apego seguras en entornos de la primera infancia.

3. El papel de las figuras de apego en la provisión de un refugio seguro:

En el marco de las conductas de apego, el concepto de "refugio seguro" se refiere a la función de la figura de apego al brindar consuelo, protección y tranquilidad cuando la persona experimenta emociones negativas o se enfrenta a situaciones estresantes. La presencia de la figura de apego sirve como una base segura desde la cual la persona puede explorar el mundo, sabiendo que existe una fuente confiable de apoyo a la que recurrir en momentos de necesidad.

La calidad de la relación de apego es fundamental para brindar un refugio seguro. Las figuras de apego seguro son receptivas, emocionalmente accesibles y están en sintonía con las necesidades de la persona. Cuando una persona se siente angustiada, busca la proximidad de la figura de apego con la expectativa de encontrar consuelo y seguridad. Este proceso fomenta la seguridad y la regulación emocional, sentando las bases para mecanismos de afrontamiento saludables y resiliencia ante la adversidad.

El rol de la figura de apego como refugio evoluciona a lo largo del desarrollo. En la primera infancia, este rol suele ser desempeñado por los cuidadores principales, como los padres o tutores. A medida que las personas crecen, el alcance de las figuras de apego puede ampliarse para incluir otras figuras significativas, como hermanos, amigos o parejas. Además, la capacidad de brindar un refugio seguro va más allá de la mera presencia física; abarca la disponibilidad emocional y la capacidad de respuesta de la figura de apego, lo cual influye significativamente en la sensación de seguridad y bienestar de la persona.

Cabe destacar que la calidad del refugio seguro que brindan las figuras de apego tiene profundas implicaciones para el desarrollo psicológico y emocional. Las investigaciones indican que las personas que han experimentado experiencias de refugio seguro consistentes y de apoyo tienden a mostrar mayor resiliencia, adaptabilidad y capacidad de regulación emocional. Por el contrario, la provisión inadecuada o poco fiable de refugio seguro puede contribuir a una mayor vulnerabilidad al estrés, la ansiedad y a estrategias de afrontamiento inadaptadas.

4. Influencias contextuales en el mantenimiento de la proximidad:

El mantenimiento de la proximidad, como aspecto fundamental del comportamiento de apego, se ve influenciado por diversos factores contextuales que configuran la dinámica de las relaciones humanas. Comprender estas influencias es crucial para comprender las complejidades y matices de los procesos de apego. Los factores contextuales abarcan una amplia gama de elementos, incluyendo aspectos culturales, ambientales y relacionales que desempeñan un papel fundamental en la configuración de los comportamientos relacionados con la búsqueda de proximidad y la búsqueda de refugio.

Las influencias culturales influyen significativamente en cómo las personas perciben y expresan sus necesidades de apego. Las normas, creencias y prácticas culturales guían la manifestación de conductas de mantenimiento de la proximidad dentro de una sociedad específica. Por ejemplo, las culturas que priorizan la interdependencia y la armonía colectiva pueden enfatizar la cercanía y la disponibilidad de figuras de apego, fomentando conductas robustas de mantenimiento de la proximidad. Por el contrario, las culturas que valoran la independencia y la autonomía pueden moldear las dinámicas de apego hacia una mayor autosuficiencia, lo que influye en el uso de refugios seguros y la búsqueda de proximidad.

El contexto ambiental también influye considerablemente en el mantenimiento de la proximidad. Las condiciones socioeconómicas, la seguridad del vecindario y el acceso a los recursos pueden influir en la disponibilidad y eficacia de los refugios seguros. En entornos caracterizados por la inestabilidad o la inseguridad, las personas pueden mostrar un mayor mantenimiento de la proximidad como medio para buscar seguridad y tranquilidad. Además, la distribución física de los espacios habitables y la presencia de redes sociales de apoyo pueden facilitar o dificultar la búsqueda de proximidad, lo que subraya el impacto ambiental en la dinámica del apego.

Las influencias relacionales, en particular en contextos familiares y de cuidado, configuran significativamente los patrones de mantenimiento de la proximidad. La calidad de las interacciones con figuras de apego, como cuidadores y familiares cercanos, influye profundamente en la inclinación de una persona a buscar proximidad y utilizar espacios seguros. Un cuidado seguro y receptivo fomenta la confianza y la comodidad, promoviendo conductas adaptativas de mantenimiento de la proximidad, mientras que un cuidado inseguro o inconsistente puede provocar interrupciones en la búsqueda de proximidad y la dependencia de espacios seguros.

Además, los factores psicosociales, como las diferencias individuales y las experiencias personales, contribuyen al contexto del mantenimiento de la proximidad. Las historias de apego, los traumas relacionales pasados y las estrategias de afrontamiento se entrecruzan con las influencias contextuales, moldeando la forma en que las personas buscan la proximidad y utilizan refugios seguros.

5. Implicaciones para la práctica clínica:

Comprender la dinámica del apego puede aportar información significativa a las intervenciones terapéuticas, especialmente en el ámbito de la salud mental y los problemas relacionales. Al integrar los principios de la teoría del apego en la práctica clínica, los profesionales pueden obtener información valiosa sobre las causas del desarrollo de las dificultades emocionales e interpersonales en sus pacientes.

Una de las implicaciones clave para la práctica clínica es reconocer la importancia de las relaciones de apego tempranas en la formación de la capacidad de regulación emocional y las respuestas al estrés de las personas. Los terapeutas pueden utilizar esta comprensión para ayudar a los clientes a explorar y comprender su historia de apego, la cual puede sustentar sus dificultades actuales con la intimidad, la confianza y la vulnerabilidad. De este modo, los terapeutas pueden fomentar un entorno terapéutico seguro que refleje la base y el refugio seguros que ofrecen los cuidadores en la teoría del apego.

Además, la teoría del apego subraya la importancia de la relación terapéutica como vehículo para la sanación y el cambio. Al incorporar principios de apego seguro como la sintonía, la empatía y la aceptación sin prejuicios, los profesionales clínicos pueden modelar dinámicas relacionales saludables y facilitar experiencias emocionales correctivas para sus pacientes. Esto puede ser especialmente efectivo para personas que han experimentado interrupciones o traumas tempranos del apego, ofreciéndoles la oportunidad de desarrollar apegos seguros dentro de la díada terapéutica.

La aplicación de la teoría del apego en la práctica clínica se extiende a las intervenciones dirigidas a abordar las dificultades relacionales en parejas y familias. Al analizar las dinámicas de apego que intervienen en estos sistemas, los terapeutas pueden guiar a sus clientes para que reconozcan y modifiquen patrones de interacción desadaptativos. Al promover estrategias de comunicación que fomenten la búsqueda de proximidad y comportamientos de refugio, los terapeutas pueden ayudar a las personas y familias a cultivar vínculos relacionales más seguros y gratificantes.

Es importante destacar que las implicaciones de la teoría del apego para la práctica clínica también resaltan la necesidad de una comprensión matizada de los patrones de apego a lo largo de la vida. Al reconocer que la dinámica del apego evoluciona y se manifiesta de forma diferente en las distintas etapas del desarrollo, los profesionales clínicos pueden adaptar sus intervenciones para satisfacer las necesidades específicas de apego de niños, adolescentes, adultos y adultos mayores.

Regulación emocional

1. Fundamentos biológicos:

La regulación emocional, un proceso complejo y dinámico, se basa en la interacción de los sistemas biológicos del cuerpo humano. En el núcleo de la regulación emocional se encuentra el funcionamiento del sistema nervioso, en particular el sistema nervioso autónomo (SNA) y el sistema nervioso central (SNC). El SNA, que comprende las ramas simpática y parasimpática, desempeña un papel fundamental en la orquestación de las respuestas fisiológicas a los estímulos emocionales. La rama simpática, a menudo asociada con la respuesta de "lucha o huida", prepara al cuerpo para la acción en momentos de percepción de amenaza o estrés, mientras que la rama parasimpática ayuda a restablecer la calma una vez superada la amenaza. Dentro del SNC, el sistema límbico, en particular la amígdala y el hipocampo, actúa como epicentro del procesamiento y la regulación de las emociones. La amígdala, en particular, es fundamental para evaluar la relevancia emocional de los estímulos e iniciar las respuestas fisiológicas y conductuales adecuadas.

La interacción entre neurotransmisores y hormonas modula de forma compleja la reactividad y la regulación emocional. Neurotransmisores como la serotonina, la dopamina y la noradrenalina intervienen en la regulación del estado de ánimo, la excitación y el procesamiento de la recompensa, influyendo así en los estados emocionales y los procesos reguladores. Además, el sistema endocrino, en particular la liberación de cortisol por las glándulas suprarrenales en respuesta al estrés, contribuye a la modulación de las respuestas emocionales. Cabe destacar que el eje hipotálamo-hipofisario-adrenal (HPA), un componente clave de la respuesta al estrés, interactúa estrechamente con el SNA para regular la reactividad emocional y las estrategias de afrontamiento.

El floreciente campo de la epigenética también ha descubierto la influencia de factores genéticos y ambientales en la regulación emocional. Las investigaciones sugieren que las experiencias tempranas, como la calidad del cuidado y las relaciones de apego, pueden moldear la expresión de genes relacionados con la reactividad al estrés y la regulación emocional, moldeando así la capacidad de respuesta emocional de las personas a lo largo de su vida. Además, la interacción continua entre las predisposiciones genéticas y las influencias ambientales subraya la plasticidad de la regulación emocional y el potencial de intervenciones específicas para mejorar las capacidades reguladoras de las personas.

2. El papel del apego en el desarrollo de la autorregulación emocional:

La teoría del apego enfatiza la importante influencia de las relaciones tempranas, en particular las que se establecen con los cuidadores principales, en el desarrollo de la autorregulación emocional. Desde la perspectiva de la teoría del apego, la autorregulación emocional se considera una habilidad adaptativa crucial que permite a las personas modular sus experiencias y expresiones emocionales en respuesta a estímulos internos y externos.

El concepto de apego seguro es fundamental para el desarrollo de la autorregulación emocional. Los niños con apego seguro suelen tener cuidadores que son siempre receptivos, empáticos y atentos a sus necesidades emocionales. Como resultado, aprenden a confiar en la disponibilidad y capacidad de respuesta de sus cuidadores en momentos de angustia, lo que facilita el desarrollo de estrategias eficaces de regulación emocional. Estos niños son más propensos a explorar su entorno con confianza, sabiendo que cuentan con una base segura a la que recurrir cuando lo necesitan, lo que fomenta la resiliencia emocional y los mecanismos de afrontamiento adaptativos.

Por el contrario, los patrones de apego inseguro, como los apegos ambivalentes, evitativos o desorganizados, pueden impedir el desarrollo de una autorregulación emocional óptima. Los niños con apego inseguro pueden tener dificultades para regular sus emociones eficazmente, presentando a menudo dificultades para gestionar el estrés, expresar sus necesidades o buscar consuelo en los demás. Estos desafíos se derivan de experiencias de cuidado inconsistentes o inadecuadas, que pueden llevar a la internalización de patrones de regulación desadaptativos.

Los estilos de apego influyen significativamente en la forma en que las personas perciben y responden a las señales emocionales en sus interacciones con los demás. Por ejemplo, las personas con tendencias de apego ansioso-preocupado pueden mostrar una mayor reactividad a los desencadenantes emocionales, experimentando dificultades para regular las emociones intensas. Por el contrario, quienes presentan patrones de apego despectivo-evitativo pueden suprimir o minimizar habitualmente las expresiones emocionales, lo que provoca desapego emocional e incomodidad con la intimidad.

La interacción multifacética entre el apego y la autorregulación emocional se extiende más allá de la infancia, moldeando la dinámica relacional de las personas, la resolución de conflictos interpersonales y el bienestar general en la edad adulta. Reconocer la influencia de las experiencias tempranas de apego es fundamental para comprender las complejidades de la regulación emocional a lo largo de la vida y subraya la importancia del apego seguro como pilar fundamental de las capacidades de autorregulación adaptativa.

3. Estilos de apego y su impacto en las respuestas emocionales:

La teoría del apego propone que las experiencias tempranas con los cuidadores moldean el estilo de apego de una persona, lo que a su vez influye en sus respuestas emocionales a lo largo de la vida. Se han identificado cuatro estilos de apego principales: seguro, ansioso-preocupado, desdeñoso-evitativo y temeroso-evitativo. Estos estilos se desarrollan en función de la constancia y la sensibilidad del cuidado recibido durante la infancia y la niñez. Un estilo de apego seguro se asocia con una visión positiva de uno mismo y de los demás, lo que conduce a una regulación emocional equilibrada y a relaciones interpersonales saludables. Por el contrario, el estilo de apego ansioso-preocupado suele ser el resultado de un cuidado inconsistente, lo que provoca una mayor reactividad emocional, ansiedad y una necesidad constante de validación y seguridad. Por el contrario, las personas con un estilo de apego desdeñoso-evitativo tienden a minimizar sus emociones y a mostrar autosuficiencia, a menudo debido a la falta de respuesta o el rechazo del cuidador. Por último, el estilo de apego temeroso-evitativo se deriva de experiencias de cuidado inconsistente o abusivo, lo que resulta en una combinación de comportamientos ansiosos y evitativos en las relaciones. Comprender estos estilos de apego proporciona información sobre cómo las personas abordan y responden a los estímulos emocionales en diversos contextos. Las investigaciones han demostrado que las personas con estilos de apego seguro suelen ser más resilientes a la hora de gestionar el estrés y regular las emociones, mientras que quienes presentan estilos de apego inseguro pueden tener dificultades para la desregulación emocional y para formar y mantener relaciones estables. Además, los estilos de apego pueden influir en cómo las personas interpretan y responden a las señales sociales, gestionan los conflictos y buscan apoyo emocional.

4. Influencias del cuidador: dinámica de corregulación y autonomía:

Los cuidadores desempeñan un papel fundamental en el desarrollo de las habilidades de regulación emocional del niño en el marco de la teoría del apego. La dinámica de la corregulación y la autonomía son componentes esenciales de este proceso. La corregulación se refiere al proceso interactivo mediante el cual los cuidadores y los niños gestionan sus emociones conjuntamente, proporcionando un andamiaje crucial para el desarrollo de las capacidades de autorregulación del niño. Los cuidadores actúan como reguladores externos, ofreciendo apoyo y orientación para ayudar a los niños a gestionar sus experiencias emocionales. Este proceso de corregulación implica una respuesta sensible a las señales emocionales del niño, la validación de sus sentimientos y la provisión de un espacio seguro para la expresión. Mediante una corregulación constante, los niños internalizan gradualmente estos procesos reguladores, lo que conduce al desarrollo de habilidades de regulación emocional autónomas. Esta transición gradual de la regulación externa a la interna es crucial para fomentar la independencia y la resiliencia en los niños. La autonomía en la regulación emocional permite a los niños regular sus emociones de forma independiente, aprovechando la seguridad que les brindan sus cuidadores. Los cuidadores apoyan el desarrollo de la autonomía animando gradualmente a los niños a asumir una mayor responsabilidad por su regulación emocional, a la vez que se mantienen disponibles como fuente de consuelo y apoyo cuando lo necesitan. Este delicado equilibrio entre proporcionar autonomía y permanecer accesible como una base segura es crucial para promover una regulación emocional saludable. Además, la capacidad de regulación emocional de los cuidadores influye significativamente en el proceso de corregulación. Los cuidadores que modelan estrategias efectivas de regulación emocional proporcionan un valioso modelo para que los niños aprendan y imiten. Por el contrario, los cuidadores que tienen dificultades para regular sus propias emociones pueden, sin darse cuenta, transmitir estrategias de regulación desadaptativas a sus hijos. Comprender la dinámica interconectada de la corregulación y la autonomía arroja luz sobre el profundo impacto que los cuidadores tienen en el desarrollo emocional de sus hijos dentro del marco del apego.

5. Estrategias de regulación desadaptativa e inseguridades del apego:

Las estrategias de regulación desadaptativa se refieren a las maneras ineficaces o perjudiciales en que las personas intentan gestionar sus emociones en el marco del apego. Estas estrategias suelen derivar de inseguridades en el apego que se han desarrollado a partir de interacciones tempranas con los cuidadores. Dichas inseguridades pueden manifestarse de diversas formas, como la preocupación ansiosa, la evitación de la intimidad emocional o patrones de apego desorganizados. Las personas con estas inseguridades pueden recurrir a estrategias de regulación desadaptativa para intentar afrontar sus miedos subyacentes al rechazo, el abandono o la intromisión.

Una estrategia común de regulación desadaptativa es la supresión emocional, en la que las personas intentan ocultar o ignorar sus emociones para mantener una sensación de control o evitar la vulnerabilidad percibida. Si bien esto puede brindar un alivio temporal, la supresión a largo plazo puede provocar un mayor estrés, un mayor malestar emocional y tensiones en las relaciones interpersonales. Otra estrategia desadaptativa es el entumecimiento emocional, en el que las personas se desvinculan de sus sentimientos como mecanismo de defensa contra posibles heridas o decepciones. Esto puede obstaculizar el desarrollo de vínculos estrechos y significativos e impedir la capacidad de entablar relaciones mutuamente satisfactorias.

Las estrategias de regulación desadaptativa pueden manifestarse mediante conductas externalizantes como la agresión, el abuso de sustancias o las actividades de riesgo, todas ellas como métodos para distraer o aliviar el dolor emocional. Estas conductas pueden ofrecer un alivio fugaz, pero a menudo contribuyen a un ciclo de desregulación emocional y resultados negativos. Además, las personas pueden incurrir en conductas de autosabotaje, buscando validación y seguridad de forma destructiva, lo que perpetúa aún más sus inseguridades en el apego.

Las inseguridades en el apego también desempeñan un papel importante en la formación de mecanismos de afrontamiento desadaptativos, como la catastrofización, la rumiación y las distorsiones cognitivas que amplifican las emociones negativas y socavan la resiliencia. Estos patrones de pensamiento pueden exacerbar el malestar emocional y conducir a un ciclo autoperpetuante de regulación desadaptativa. Además, las personas con inseguridades en el apego pueden tener dificultades para establecer límites y para comunicar eficazmente sus necesidades emocionales, lo que dificulta establecer y mantener relaciones saludables.

6. Relaciones interpersonales - Refugios seguros para la expresión emocional:

Las relaciones interpersonales sirven como fuente principal de apoyo y validación, ofreciendo a las personas una base segura para explorar y regular sus experiencias emocionales. La presencia de un cuidador de confianza o una figura cercana puede influir significativamente en la capacidad de una persona para gestionar y expresar sus emociones eficazmente, lo que influye en su bienestar general y su adaptación psicológica.

Ante todo, los apegos seguros fomentan una sensación de seguridad y protección, brindando a las personas la confianza para expresar abiertamente sus emociones sin temor al rechazo ni la invalidación. Al establecer un entorno de confianza y aceptación, los cuidadores y las personas significativas crean un espacio donde las personas se sienten cómodas compartiendo sus sentimientos, pensamientos y vulnerabilidades más íntimos. Este diálogo emocional abierto constituye la piedra angular de una regulación emocional saludable, ya que permite a las personas procesar y comprender sus experiencias dentro de una relación de apoyo.

Las relaciones interpersonales ofrecen una plataforma para la corregulación, donde las personas recurren al apoyo emocional y la guía de sus figuras de apego para gestionar emociones intensas o angustiantes. Mediante respuestas empáticas, escucha activa y comprensión mutua, los cuidadores y las relaciones cercanas ayudan a las personas a regular sus estados emocionales, fomentando un sentido de equilibrio y estabilidad. De este modo, estas interacciones sientan las bases para el desarrollo de estrategias adaptativas de regulación emocional, que permiten a las personas afrontar eficazmente los desafíos y factores estresantes de la vida.

Además, el refugio que brindan las relaciones interpersonales sirve como protección contra los efectos adversos de la desregulación emocional y la angustia. Al tener acceso a una red de apoyo, las personas pueden buscar consuelo, seguridad y perspectiva en momentos de mayor excitación emocional o adversidad. Esto fomenta la resiliencia y la fortaleza emocional, ya que las personas están mejor preparadas para afrontar circunstancias difíciles cuando se sienten apoyadas y comprendidas incondicionalmente por sus figuras de apego.

La naturaleza recíproca de la expresión emocional en las relaciones interpersonales cultiva una mayor intimidad y conexión. Cuando las personas pueden expresar sus emociones con autenticidad y sus figuras de apego las validan, se facilita un profundo vínculo de comprensión y empatía. Esta experiencia emocional compartida contribuye a la profundidad y cercanía relacional, reforzando el papel de los refugios seguros como entornos propicios para la expresión y la regulación emocional.

7. Procesos cognitivos en la regulación de las emociones:

Cuando las personas se enfrentan a situaciones emocionalmente desafiantes, su evaluación cognitiva e interpretación de dichas experiencias influyen significativamente en sus respuestas emocionales y sus posteriores esfuerzos de regulación. En el núcleo de los procesos cognitivos de la regulación emocional se encuentra el concepto de reevaluación, en el que las personas reinterpretan el significado de eventos o estímulos estresantes para modular sus reacciones emocionales. Al realizar la reevaluación cognitiva, las personas pueden regular eficazmente las emociones negativas y promover estrategias de afrontamiento adaptativas. Además, la flexibilidad cognitiva, la capacidad de cambiar de perspectiva y considerar explicaciones alternativas, contribuye a mejorar la capacidad de regulación emocional.

El desarrollo de habilidades metacognitivas, como la autoconciencia y el control atencional, influye significativamente en la capacidad de las personas para regular sus emociones. La metacognición permite a las personas monitorear sus estados internos, reconocer desencadenantes emocionales y emplear estrategias cognitivas para modular las experiencias afectivas. Además, las funciones ejecutivas, que abarcan la memoria de trabajo, el control inhibitorio y la flexibilidad cognitiva, desempeñan un papel crucial en la regulación de los impulsos emocionales y la orquestación de respuestas adaptativas en situaciones de alta tensión emocional.

El papel de los sesgos cognitivos en la regulación emocional es fundamental. Los esquemas cognitivos y las tendencias de procesamiento de la información de cada individuo influyen en su interpretación de las señales sociales, las interacciones interpersonales y las experiencias relacionadas con el apego. Estos sesgos cognitivos pueden predisponer a las personas a adoptar estrategias de regulación desadaptativas, lo que propicia alteraciones en los procesos de regulación emocional.

El análisis de las trayectorias de desarrollo de los procesos cognitivos en la regulación emocional revela el perfeccionamiento progresivo de estas habilidades a lo largo de la vida. Inicialmente, los niños dependen del apoyo externo de sus cuidadores para apoyar el desarrollo de sus capacidades de regulación cognitiva. A medida que maduran, la integración de procesos cognitivos complejos mejora su autonomía para gestionar las experiencias emocionales y las dinámicas interpersonales.

A medida que nuestra comprensión de las interconexiones entre los procesos cognitivos y la regulación de las emociones continúa evolucionando, las intervenciones destinadas a reforzar las habilidades de reevaluación cognitiva, la conciencia metacognitiva y las funciones ejecutivas son prometedoras para cultivar capacidades resilientes de regulación de las emociones.

8. Trayectorias de desarrollo de la regulación de las emociones:

Los bebés dependen en gran medida de la regulación externa de sus cuidadores principales, y a medida que crecen y se desarrollan, van adoptando formas de regulación más internalizadas. Las interacciones tempranas con los cuidadores sientan las bases para el desarrollo de las habilidades de regulación emocional. A medida que los niños pasan a la edad preescolar, comienzan a mostrar una mayor autonomía en sus emociones y comportamiento, aunque aún requieren la guía y el apoyo de sus seres queridos. La edad escolar marca un período de continuo perfeccionamiento de las habilidades de regulación emocional, ya que los niños aprenden a reconocer y etiquetar sus emociones, a la vez que adquieren estrategias para gestionarlas eficazmente. La adolescencia presenta desafíos únicos, ya que las personas lidian con las complejidades de la formación de la identidad, las relaciones con los compañeros y la autorregulación emocional en medio de cambios biológicos y sociales. La desregulación emocional durante esta etapa puede tener implicaciones significativas para la salud mental y el bienestar. Además, la transición a la edad adulta implica una mayor consolidación de las habilidades de regulación emocional, influenciada por factores como las experiencias vitales, las relaciones y las estrategias de afrontamiento. Las trayectorias de desarrollo de la regulación emocional también se ven moldeadas por las diferencias individuales de temperamento, estilos de apego e influencias ambientales. Comprender estas trayectorias es esencial para promover una regulación emocional saludable a lo largo de la vida.

LA DINÁMICA DEL APEGO

Características del apego seguro - Estabilidad y resiliencia

1. Introducción al apego seguro:

El apego seguro, un concepto fundamental en la teoría del apego, representa la capacidad de una persona para formar vínculos emocionales sanos y duraderos con sus cuidadores o personas significativas. Sirve como piedra angular para comprender la dinámica de las relaciones humanas y el bienestar psicológico. En esencia, el apego seguro refleja una sensación constante de confianza, seguridad y comodidad que una persona experimenta en sus interacciones con las figuras de apego. El establecimiento de un apego seguro se basa en la capacidad de respuesta y la sensibilidad de los cuidadores, ya que sienta las bases para la seguridad emocional y la resiliencia. Esta forma de apego proporciona una base sólida desde la cual las personas pueden explorar el mundo, buscar apoyo social y regular sus emociones eficazmente. Reconocido como un determinante clave del desarrollo socioemocional, el apego seguro contribuye a una autoestima positiva, a estrategias de afrontamiento adaptativas y a la capacidad de formar relaciones saludables. Además, actúa como un factor protector contra el estrés y la adversidad, fomentando la resiliencia y el bienestar psicológico.

2. Los pilares de la estabilidad en el apego seguro:

La estabilidad en el apego seguro se sustenta en varios pilares que forman la base de la seguridad emocional y la resiliencia. Estos pilares sirven como elementos fundamentales que contribuyen a la durabilidad y firmeza de los apegos seguros en diversos contextos y relaciones. Un pilar fundamental es el establecimiento de una relación cuidador-bebé consistente y armoniosa durante el desarrollo temprano. Esto implica la capacidad del cuidador para responder con sensibilidad a las señales del bebé, fomentando así una sensación de previsibilidad y fiabilidad en su entorno. Además, el cultivo de una base segura, como propone la teoría del apego, desempeña un papel crucial en el mantenimiento de la estabilidad. Al proporcionar una base segura, las personas se sienten empoderadas para explorar su entorno, con la tranquilidad de un refugio seguro al que recurrir en momentos de angustia. Asimismo, la comunicación clara y eficaz dentro de las relaciones de apego es otro pilar esencial de la estabilidad. El diálogo abierto y transparente fomenta la comprensión, la empatía y el apoyo mutuo, consolidando así las bases de los apegos seguros. Otro pilar importante es la promoción de modelos de trabajo internos positivos, que influyen en la percepción que las personas tienen de sí mismas, de los demás y de sus relaciones. Los modelos de trabajo internos saludables contribuyen a la estabilidad emocional y a las estrategias de afrontamiento adaptativas ante desafíos o adversidades. Además, el cultivo mutuo de la confianza y la fiabilidad entre las figuras de apego y las personas contribuye significativamente a la estabilidad de los apegos seguros. Esta confianza constituye la piedra angular de las relaciones resilientes y duraderas, proporcionando una sensación de seguridad y protección. Finalmente, la integración de prácticas de mindfulness y regulación emocional en el marco de los apegos seguros refuerza la estabilidad al promover la autoconciencia, la gestión del estrés y el bienestar general. Estos pilares interconectados sustentan colectivamente la estabilidad del apego seguro, formando una base sólida y fiable para que las personas gestionen las complejidades de las relaciones humanas y las experiencias emocionales.

3. Desarrollo de la resiliencia mediante bonos seguros:

El apego seguro desempeña un papel fundamental en el fomento de la resiliencia y el bienestar psicológico a lo largo de la vida. Las investigaciones indican que las personas con estilos de apego seguro tienen mayor probabilidad de desarrollar mecanismos de afrontamiento eficaces, habilidades de regulación emocional y una perspectiva positiva de la vida, lo que contribuye a su capacidad para superar desafíos y adversidades. La base del desarrollo de la resiliencia a través de vínculos seguros reside en el cuidado constante y afectuoso que brindan los cuidadores primarios durante la primera infancia. Los niños que experimentan interacciones receptivas y emocionalmente afines con sus cuidadores están mejor preparados para desarrollar un sentido de seguridad, autoestima y confianza en sus capacidades para gestionar el estrés y regular emociones complejas. Además, la presencia de una base segura permite a las personas buscar apoyo y utilizar eficazmente los recursos en momentos de angustia, lo que fortalece aún más su capacidad de resiliencia. Asimismo, los apegos seguros promueven la formación de modelos internos de trabajo que influyen en cómo las personas perciben y responden a situaciones estresantes. Estas representaciones internalizadas guían sus estrategias de resolución de problemas, sus procesos de toma de decisiones y la interpretación de las señales sociales, contribuyendo a un comportamiento adaptativo y resiliente. En las relaciones adultas, las personas con estilos de apego seguro demuestran mayor competencia interpersonal, empatía y cooperación, lo que refuerza su capacidad para afrontar y superar los desafíos de la vida. Además, la estabilidad y la previsibilidad que ofrecen los apegos seguros proporcionan una sólida protección contra los efectos negativos de las experiencias traumáticas, lo que contribuye a mejorar la salud mental y el bienestar general. Comprender la relación entre el apego seguro y la resiliencia tiene importantes implicaciones para las intervenciones terapéuticas y los sistemas de apoyo destinados a promover la fortaleza psicológica y la recuperación.

4. Regulación emocional y apego seguro:

La regulación emocional implica la capacidad de comprender, gestionar y expresar las propias emociones de forma constructiva. Las personas con apegos seguros suelen demostrar un mayor grado de regulación emocional, lo que contribuye a su bienestar general y a unas relaciones interpersonales positivas.

Las personas con apego seguro son más hábiles para reconocer y etiquetar sus emociones, lo que les permite comunicar eficazmente sus sentimientos a los demás. Esta autoconciencia les permite buscar el apoyo adecuado cuando lo necesitan y gestionar las interacciones sociales con mayor facilidad. Además, el apego seguro proporciona una sensación de seguridad emocional, fomentando un entorno donde las personas se sienten cómodas explorando y expresando sus emociones.

La regulación emocional en apegos seguros está estrechamente relacionada con la gestión del estrés. Las investigaciones sugieren que las personas con apegos seguros muestran una respuesta al estrés más adaptativa, lo que les permite afrontar situaciones difíciles con mayor eficacia. Esta resiliencia ante la adversidad se deriva del apoyo emocional y la validación constantes que se experimentan en las relaciones de apego seguro.

Además, el apego seguro fomenta el desarrollo de estrategias de afrontamiento saludables, lo que permite a las personas regular sus emociones de forma que promueva el bienestar psicológico. Al internalizar las experiencias de apoyo dentro de las relaciones seguras, las personas pueden aprovechar estas interacciones positivas para gestionar situaciones estresantes y regular sus respuestas emocionales.

La regulación emocional dentro de los apegos seguros tiene implicaciones de gran alcance para la salud mental. Diversos estudios han indicado que las personas con apegos seguros son menos propensas a la ansiedad y la depresión, lo que destaca el papel protector del apego seguro en la promoción del bienestar emocional.

5. La formación de confianza y su papel en la seguridad:

En el contexto de la teoría del apego, la confianza se establece mediante un cuidado constante y receptivo, lo que permite al niño desarrollar un sentido de previsibilidad y seguridad en sus relaciones. Este sentido de confianza se internaliza como un modelo de trabajo que moldea sus futuras interacciones y expectativas.

Las personas con apego seguro suelen contar con cuidadores experimentados que satisfacen constantemente sus necesidades, demostrando fiabilidad y sintonía con sus emociones. Como resultado, estas personas desarrollan una convicción profunda de que los demás son generalmente confiables y responsables, lo que fomenta una perspectiva positiva de las relaciones y del mundo que las rodea.

El desarrollo de la confianza en la primera infancia es un precursor fundamental de la sensación de seguridad que se encuentra en los apegos seguros. La confianza permite a las personas sentirse seguras al buscar apoyo y consuelo en los demás, sabiendo que sus expresiones emocionales serán reconocidas y validadas. Esta validación emocional fortalece aún más el vínculo entre la figura de apego y la persona, reforzando la creencia de que sus necesidades serán satisfechas en momentos de angustia.

La formación de confianza dentro de apegos seguros contribuye al desarrollo de estrategias eficaces de regulación emocional. Cuando las personas se sienten seguras en sus relaciones, están mejor preparadas para expresar y gestionar sus emociones de forma saludable. La presencia de una figura de apego confiable facilita el procesamiento de experiencias desafiantes, fomentando mecanismos de afrontamiento adaptativos y reduciendo la probabilidad de respuestas desadaptativas a los factores estresantes.

Además de su impacto inmediato, la formación de confianza dentro de vínculos seguros tiene implicaciones duraderas para las relaciones interpersonales y el bienestar general. Las personas con una sólida base de confianza tienen mayor probabilidad de establecer vínculos seguros y de apoyo a lo largo de su vida, ya que abordan las interacciones con una creencia inherente en la buena voluntad y la fiabilidad de los demás. Esta actitud positiva fomenta relaciones más sanas y contribuye a una mayor sensación de plenitud y conexión.

6. Impacto del apego seguro en el desarrollo de la personalidad:

El desarrollo de la personalidad está estrechamente vinculado con las experiencias tempranas de apego, especialmente aquellas caracterizadas por la seguridad y la estabilidad. Los niños que experimentan un apego seguro con sus cuidadores principales tienden a desarrollar una personalidad más resiliente y adaptativa con el tiempo. Las personas con apego seguro exhiben características como una alta autoestima, regulación emocional y la capacidad de establecer relaciones de confianza, todas ellas fundamentales en la formación de su personalidad. El cuidado constante y atento que brindan los cuidadores principales fomenta la seguridad y la confianza en los niños, sentando las bases para un desarrollo saludable de la personalidad. Las personas con apego seguro tienen más probabilidades de poseer una autoimagen positiva y una fuerte autoestima, atributos que contribuyen a su bienestar psicológico general. Además, suelen estar mejor preparadas para gestionar el estrés y afrontar situaciones difíciles, lo que refleja una mayor capacidad para un desarrollo sólido de la personalidad. Las investigaciones indican que las personas con un historial de apego seguro tienen más probabilidades de mostrar empatía, compasión y comportamiento prosocial, lo que refleja la competencia socioemocional cultivada a través de sus experiencias tempranas de apego. Estas personas tienden a mostrar una mayor resiliencia ante la adversidad, demostrando la capacidad de recuperarse de los reveses y mantener un estado emocional equilibrado. Además, el apego seguro contribuye al desarrollo de estrategias eficaces de afrontamiento y habilidades para la resolución de problemas, lo que permite a las personas afrontar los desafíos de la vida con optimismo y confianza. A medida que maduran, las personas con apego seguro suelen mostrar patrones de relación seguros y confiados, fomentando interacciones interpersonales armoniosas y creando conexiones significativas. Su capacidad para establecer y mantener relaciones de apoyo subraya el profundo impacto del apego seguro en el desarrollo de su personalidad. Al fomentar una sensación de seguridad, calidez y receptividad, los apegos seguros facilitan el desarrollo de una personalidad integral y adaptable, piedra angular para el éxito y la realización futuros.

7. La influencia de los vínculos seguros en las competencias sociales:

Las bases que establecen los apegos seguros durante las primeras etapas del desarrollo tienen implicaciones trascendentales para la capacidad de una persona para formar y mantener relaciones saludables, comunicarse eficazmente, empatizar con los demás y gestionar las interacciones sociales. Las investigaciones indican que las personas con un historial de apego seguro tienen mayor probabilidad de exhibir mayores niveles de competencia social, caracterizados por su capacidad para establecer y mantener conexiones significativas, resolver conflictos de forma constructiva y adaptarse a diversos entornos sociales.

Un aspecto clave de la influencia de los apegos seguros en las competencias sociales es el desarrollo de habilidades de regulación emocional. Los niños que experimentan apegos seguros con sus cuidadores aprenden a gestionar sus emociones eficazmente, lo que constituye la base de su capacidad para regular las respuestas emocionales en entornos sociales. Esta habilidad fundamental contribuye a su capacidad para abordar las interacciones sociales con seguridad emocional, lo que les permite expresarse con autenticidad e interactuar positivamente con los demás.

La influencia de los apegos seguros se extiende al desarrollo de la empatía y la capacidad de adoptar nuevas perspectivas. Las personas que han experimentado relaciones sólidas y enriquecedoras en sus primeros años de vida son más propensas a mostrar empatía hacia los demás y a comprender diferentes perspectivas. Esta mayor capacidad empática fomenta conexiones más profundas y significativas, ya que permite a las personas conectar con las experiencias de los demás, comprender sus emociones y ofrecer apoyo en momentos de necesidad. Además, la presencia de apegos seguros se asocia con una mayor conciencia social, lo que permite a las personas gestionar situaciones sociales complejas con sensibilidad y perspicacia.

Además de la regulación emocional y la empatía, los apegos seguros contribuyen a la formación de confianza e intimidad en las relaciones. Las personas que han internalizado modelos de apego seguro tienden a abordar las interacciones sociales con confianza y apertura. Esta inclinación a confiar en los demás y a formar vínculos seguros cultiva relaciones más sanas y plenas, ya que las personas se sienten seguras al expresar sus vulnerabilidades y compartir experiencias sin temor al juicio ni al abandono. Estas dinámicas interpersonales, basadas en la confianza y la intimidad, facilitan conexiones más profundas y fomentan una red social de apoyo, lo que fortalece aún más las competencias sociales generales de la persona.

8. Apego seguro y mecanismos de afrontamiento adaptativos:

Las personas con estilos de apego seguro son más propensas a desarrollar mecanismos de afrontamiento adaptativos que les permiten gestionar eficazmente los desafíos de la vida. Las personas con apego seguro tienden a mostrar un mayor sentido de autoeficacia y resiliencia ante factores estresantes, lo que les permite afrontar las dificultades con una mentalidad proactiva.

Uno de los mecanismos clave de afrontamiento adaptativo observados en personas con apego seguro es el afrontamiento centrado en el problema. Este enfoque implica abordar activamente los problemas subyacentes y buscar soluciones constructivas. Las investigaciones han demostrado que las personas con apego seguro muestran una propensión a la resolución de problemas y a la búsqueda de apoyo social ante la adversidad. Al participar en la resolución colaborativa de problemas y aprovechar su base de seguridad, estas personas están mejor preparadas para gestionar situaciones estresantes.

Las personas con estilos de apego seguro suelen exhibir estrategias eficaces de afrontamiento centradas en las emociones. Muestran regulación y expresión emocional, lo que les permite procesar y adaptarse a circunstancias difíciles sin verse abrumados por emociones negativas. Esta resiliencia emocional refleja la base sólida establecida durante las relaciones de apego tempranas, lo que contribuye a su capacidad para mantener el bienestar psicológico ante la adversidad.

Además, el apego seguro fomenta un modelo interno de trabajo positivo que moldea la percepción que las personas tienen de sí mismas y de los demás. Este marco cognitivo influye en sus interpretaciones de las experiencias, permitiéndoles mantener una perspectiva equilibrada incluso en momentos difíciles. Como resultado, las personas con apego seguro tienden a interpretar los contratiempos como temporales y manejables, cultivando una perspectiva optimista que facilita el afrontamiento adaptativo.

La presencia de un apego seguro está vinculada al desarrollo de habilidades eficaces para la gestión del estrés. Las personas con apego seguro tienden a mostrar una menor reactividad al estrés y una recuperación fisiológica más rápida tras eventos estresantes. Esta mayor capacidad para regular las respuestas al estrés contribuye a su capacidad general para afrontar situaciones desafiantes de forma saludable y adaptativa.

Manifestaciones conductuales en los apegos seguros a lo largo de la vida

1. Primera infancia - Fundación para interacciones seguras:

Durante la primera infancia, las interacciones seguras se establecen a través de una multitud de experiencias e influencias significativas. Los bebés y niños pequeños dependen en gran medida de sus cuidadores para satisfacer sus necesidades físicas y emocionales, lo que sienta las bases de un apego seguro. La receptividad constante de los cuidadores principales desempeña un papel fundamental en la formación de la sensación de seguridad y confianza del niño en las relaciones. Los bebés con relaciones de apego seguro suelen mostrar un equilibrio saludable entre la búsqueda de consuelo en su cuidador y la exploración de su entorno. Este fenómeno se conoce a menudo como el efecto de la "base segura", donde el niño utiliza al cuidador como fuente de apoyo mientras se aventura a explorar su entorno. Las investigaciones indican que los bebés seguros son más propensos a mostrar mayor curiosidad, autonomía y regulación emocional debido a la confianza y seguridad establecidas en sus interacciones tempranas. Los cuidadores emocionalmente sensibles y receptivos a las señales de su hijo ayudan a inculcar una sensación de previsibilidad y seguridad, reforzando la confianza del niño para explorar su entorno. La calidad de las relaciones tempranas también influye en la capacidad del niño para regular las emociones y afrontar el estrés en etapas posteriores de la vida. Además, los apegos seguros en la primera infancia contribuyen significativamente al desarrollo de una autoestima positiva y la empatía. Estas interacciones fundamentales sientan las bases para futuras relaciones, influyendo en cómo las personas perciben e interactúan con los demás a lo largo de su vida. Comprender el papel crucial de las experiencias de la primera infancia en el fomento de apegos seguros es fundamental para padres, educadores y profesionales que trabajan con niños pequeños.

2. Apego seguro durante la adolescencia - Indicadores clave:

Durante la adolescencia, las manifestaciones de apego seguro desempeñan un papel fundamental en el desarrollo socioemocional de una persona. Indicadores clave de apego seguro durante esta etapa del desarrollo incluyen un fuerte sentido de autoestima y autonomía, la capacidad de formar relaciones significativas y recíprocas, y la capacidad de gestionar eficazmente las emociones y abordar los conflictos. Los adolescentes con apego seguro tienden a mostrar mayores niveles de resiliencia, confianza en sí mismos y empatía, lo que contribuye a su bienestar general y éxito en diversos contextos sociales. Estas personas son más propensas a buscar y mantener relaciones saludables con sus iguales, comunicarse abiertamente con ellos y figuras de autoridad, y demostrar estrategias de afrontamiento adaptativas ante los desafíos. Además, están mejor preparados para explorar su propia identidad, aspiraciones y valores, respetando al mismo tiempo las perspectivas y los límites de los demás. Los adolescentes con apego seguro también muestran mayor motivación y rendimiento académico, así como una menor probabilidad de involucrarse en conductas de riesgo como el abuso de sustancias y la delincuencia. Además, son más receptivos a la orientación y el apoyo de sus cuidadores, profesores y mentores, lo que fomenta un ciclo positivo de refuerzo para su estilo de apego seguro. Reconocer los indicadores clave del apego seguro durante la adolescencia es fundamental para promover el desarrollo saludable de los jóvenes y dotarlos de las habilidades necesarias para prosperar en sus futuras relaciones interpersonales y proyectos.

3. Relaciones adultas - Manifestaciones de seguridad:

En las relaciones adultas, las manifestaciones de seguridad derivadas de un entorno de apego seguro durante la infancia son profundas y de gran alcance. Las personas con un estilo de apego seguro suelen exhibir varios comportamientos y características clave que contribuyen a unas relaciones adultas sanas y satisfactorias. Estas personas son más propensas a mostrar mayores niveles de empatía, inteligencia emocional y habilidades de comunicación efectivas. Su capacidad para formar vínculos sólidos y de confianza permite el desarrollo de relaciones estables y de apoyo, ya sea en relaciones románticas, amistades o colaboraciones profesionales. Los adultos con apego seguro son expertos en la gestión constructiva de conflictos, ya que abordan los desacuerdos centrándose en la comprensión y la resolución mutuas en lugar de las luchas de poder o la evasión. Demuestran una disposición a ser vulnerables y a expresar sus necesidades y sentimientos abiertamente, fomentando un entorno de honestidad y confianza. Además, su base segura les proporciona una fuente de consuelo y seguridad, lo que les permite explorar sus emociones y experiencias con mayor libertad en sus relaciones. Asimismo, las personas con apego seguro son más propensas a buscar y mantener relaciones de calidad debido a sus expectativas y creencias positivas sobre sí mismas y los demás. Esta sensación fundamental de seguridad también se traduce en resiliencia frente a los desafíos, permitiéndoles gestionar los reveses y las incertidumbres con la seguridad de que son dignos de cuidado y apoyo.

4. Estilos de crianza y apego seguro en los hijos:

Los estilos de crianza desempeñan un papel crucial en la formación de los apegos seguros que los hijos desarrollan a lo largo de su vida. Las investigaciones han demostrado sistemáticamente que la calidad de las relaciones parentales tempranas influye significativamente en la capacidad del niño para formar apegos seguros en relaciones posteriores. En el contexto del apego seguro, los estilos de crianza caracterizados por la calidez, la receptividad y el apoyo constante han demostrado ser especialmente impactantes. Los niños criados por padres que demuestran comportamientos sensibles y cariñosos tienden a mostrar mayores niveles de confianza, empatía y autoconfianza, componentes esenciales de los apegos seguros. Por el contrario, los estilos de crianza autoritarios o negligentes pueden obstaculizar el desarrollo de apegos seguros, lo que genera inseguridad emocional y dificultades para formar relaciones saludables. Es importante destacar que el impacto de los estilos de crianza en los apegos seguros se extiende más allá de la infancia y la primera infancia. Los adolescentes y adultos jóvenes que experimentaron apegos seguros durante sus años de formación suelen mostrar mayor autonomía, asertividad y resiliencia en el manejo de las relaciones interpersonales. Además, la influencia de los apegos parentales seguros se extiende a la edad adulta, ya que quienes los mantuvieron con sus cuidadores tienden a exhibir relaciones más positivas y satisfactorias con sus parejas e hijos. Reconocer la importancia de los estilos de crianza para fomentar apegos seguros puede orientar las intervenciones y los programas de apoyo destinados a promover dinámicas familiares saludables. Al capacitar a los padres con conocimientos sobre el papel fundamental que desempeñan en la formación de los patrones de apego de sus hijos, los profesionales de la psicología, la educación y el trabajo social pueden contribuir al desarrollo de individuos seguros y resilientes.

5. El papel del apego seguro en la dinámica laboral:

En el panorama profesional contemporáneo, el concepto de apego seguro ha cobrado gran importancia debido a su potencial impacto en la dinámica laboral. Las personas con estilos de apego seguro suelen exhibir notables habilidades interpersonales y de regulación emocional, lo que puede influir significativamente en sus interacciones dentro de entornos organizacionales. Uno de los aspectos clave del apego seguro en el trabajo es la capacidad de establecer relaciones saludables y productivas con colegas y superiores. Esto se atribuye a la capacidad del individuo para confiar y conectar con los demás, comunicarse eficazmente y colaborar en equipos. Además, las personas con apego seguro demuestran resiliencia y adaptabilidad ante los desafíos laborales, lo que contribuye a un ambiente laboral más positivo. Su confianza para buscar apoyo y brindar asistencia también fomenta una cultura de respeto mutuo y cooperación. Asimismo, la inteligencia emocional asociada al apego seguro mejora la capacidad del individuo para la resolución de conflictos y la retroalimentación constructiva, promoviendo así un ambiente laboral armonioso y productivo. Otro elemento crucial es el impacto del apego seguro en las cualidades de liderazgo. Las personas con apego seguro suelen ser percibidas como líderes empáticos, accesibles y confiables. Son hábiles para motivar e inspirar a sus equipos, creando un entorno laboral de apoyo e inclusión. Además, su capacidad para gestionar el estrés y la presión, manteniendo el enfoque en los objetivos a largo plazo, es fundamental para la toma de decisiones y la resolución de problemas eficaces. Las organizaciones se benefician de fomentar una plantilla con estilos de apego seguro, ya que contribuyen a un mayor compromiso de los empleados, una menor rotación del personal y una mayor productividad general.

Reconocer la importancia del apego seguro en la dinámica laboral subraya la importancia de cultivar una cultura corporativa que valore el bienestar emocional y fomente fuertes vínculos interpersonales.

6. Mecanismos de afrontamiento en individuos seguros:

Las personas con apego seguro han desarrollado mecanismos de afrontamiento que les permiten afrontar los desafíos de la vida con resiliencia y adaptabilidad. Estas personas exhiben una notable capacidad para gestionar el estrés y la ansiedad, mostrando un enfoque equilibrado para afrontar situaciones difíciles. Uno de los mecanismos de afrontamiento clave observados en las personas seguras es la regulación emocional. Poseen la capacidad de identificar y expresar sus emociones de forma saludable, evitando así los efectos perjudiciales de los sentimientos reprimidos. Esta inteligencia emocional les permite mantener un sentido de equilibrio incluso ante la adversidad. Además, las personas seguras suelen demostrar sólidas habilidades para la resolución de problemas. Su capacidad para evaluar y abordar los desafíos de forma pragmática contribuye a su bienestar psicológico general. Además, muestran un alto nivel de autoeficacia, creyendo en su capacidad para superar obstáculos y alcanzar las metas establecidas. Esta confianza mitiga los sentimientos de impotencia y fomenta una mentalidad orientada a la búsqueda de soluciones. Otro mecanismo de afrontamiento crucial, evidente en las personas seguras, es la capacidad de buscar apoyo social. Habiendo forjado relaciones de confianza desde pequeños, estas personas son expertas en pedir ayuda a otros cuando la necesitan. Esta red de conexiones de apoyo actúa como un amortiguador contra el estrés y promueve un sentido de pertenencia y seguridad. Además, las personas seguras poseen una perspectiva optimista hacia la vida, lo que actúa como un factor protector para manejar la adversidad. Su mentalidad positiva les permite replantear las experiencias negativas y mantener la esperanza en el futuro. Además, las personas seguras tienden a implementar estrategias de afrontamiento adaptativas, como buscar actividades de ocio, hacer ejercicio físico y practicar técnicas de atención plena y relajación. Estos enfoques proactivos contribuyen a su bienestar mental y físico general. Por último, las personas seguras suelen exhibir un fuerte sentido de identidad y propósito, lo que les proporciona una base sólida en momentos de angustia. Su claridad de objetivos y valores actúa como una fuerza guía, ofreciendo un sentido de dirección y significado en circunstancias difíciles. En general, los mecanismos de afrontamiento que muestran las personas seguras ejemplifican su capacidad de madurez emocional, resiliencia y la capacidad de prosperar en diversos aspectos de la vida.

7. Impacto en la salud mental y física:

Las investigaciones indican que las personas con apegos seguros tienden a presentar niveles más bajos de ansiedad, depresión y angustia psicológica. Además, son más propensas a mostrar niveles más altos de autoestima y bienestar general. Esta estabilidad emocional se atribuye al apoyo constante y la receptividad que experimentaron en sus relaciones tempranas, lo que sienta las bases para una sana autoestima y confianza para afrontar los desafíos de la vida. Además, no pueden pasarse por alto los beneficios fisiológicos del apego seguro. Estudios han demostrado que los adultos con apegos seguros tienden a tener sistemas inmunitarios más fuertes, una menor reactividad cardiovascular al estrés y una mejor salud física general. La sensación de seguridad inculcada por las experiencias tempranas de apego fomenta un sistema regulador neuronal, lo que contribuye a una respuesta al estrés más adaptativa y a la resiliencia frente a los efectos negativos del estrés crónico. Más allá del nivel individual, el impacto del apego seguro en la salud mental y física se extiende a las relaciones interpersonales y a la dinámica social. Las personas con apego seguro son más hábiles para formar y mantener relaciones satisfactorias, ya que poseen la capacidad de gestionar los conflictos de forma constructiva y expresar empatía hacia los demás. Esto no solo enriquece su vida personal, sino que también contribuye a un entorno social más armonioso y solidario. Además, la presencia colectiva de personas con un apego seguro en las comunidades puede fomentar un ciclo positivo de bienestar emocional y resiliencia, ayudando a mitigar el impacto de los factores estresantes y las adversidades sociales.

8. Beneficios a largo plazo:

La competencia emocional y social son aspectos fundamentales del desarrollo humano que se ven significativamente influenciados por los estilos de apego, en particular los apegos seguros. Las investigaciones han demostrado que las personas con un historial de apego seguro a lo largo de su vida suelen mostrar mejores habilidades de regulación emocional y mayor competencia social en comparación con quienes presentan patrones de apego inseguros. Estos beneficios a largo plazo se pueden observar en diversos ámbitos de la vida, como las relaciones personales, el éxito académico o profesional y el bienestar general. Comprender las maneras específicas en que los apegos seguros contribuyen a la competencia emocional y social es esencial para comprender el profundo impacto de la teoría del apego en el desarrollo humano.

En el ámbito de la competencia emocional, las personas con un historial de apego seguro tienden a mostrar una fuerte capacidad para reconocer, comprender y expresar sus emociones eficazmente. Esta mayor conciencia emocional les permite gestionar situaciones difíciles con resiliencia y adaptabilidad, ya que son más hábiles para gestionar el estrés, la ansiedad y otras emociones negativas. Además, las personas seguras suelen mostrar una mayor propensión a la empatía y la compasión hacia los demás, lo que fomenta conexiones interpersonales más sanas y contribuye a un entorno social de apoyo.

La influencia de los apegos seguros en la competencia social se hace evidente a través del establecimiento de relaciones de confianza y gratificantes. Dado que las personas con apego seguro han experimentado un cuidado constante y confiable durante sus años de formación, tienden a desarrollar un modelo interno de relaciones positivo, lo que les brinda mayor confianza para formar y mantener apegos saludables. Las personas con apego seguro son más propensas a participar en una comunicación constructiva, asertividad y cooperación en sus interacciones sociales, cultivando así relaciones armoniosas y resilientes con sus compañeros, parejas y colegas.

Los efectos de la competencia emocional y social derivada de los apegos seguros se extienden a la edad adulta e inciden significativamente en diversas facetas de la vida. Por ejemplo, las personas con apego seguro suelen mostrar mayores niveles de autoestima, optimismo y bienestar psicológico general, lo que puede reforzar su resiliencia ante la adversidad y contribuir a la consecución de metas personales y profesionales. Además, la capacidad de formar apegos seguros en la edad adulta, basada en experiencias tempranas, contribuye a una sensación de plenitud y satisfacción en las relaciones íntimas, ofreciendo un factor de protección contra los problemas de salud mental y mejorando la satisfacción vital general.

Apego ansioso - Orígenes, desarrollo y características

1. Definición:

El apego ansioso es un trastorno emocional y psicológico complejo, caracterizado por un profundo miedo al abandono y un deseo abrumador de cercanía emocional en las relaciones. Quienes experimentan apego ansioso suelen verse acosados por una preocupación constante por la estabilidad de sus relaciones y el miedo a quedarse solos. Este miedo está profundamente arraigado y puede afectar significativamente el bienestar general y las interacciones interpersonales del individuo. Los orígenes del apego ansioso se remontan a experiencias de la primera infancia, especialmente en el contexto de la relación padre-hijo. Este período formativo desempeña un papel crucial en la configuración del estilo de apego del individuo y en la creación de las bases para sus futuras conexiones emocionales. Es importante destacar que el apego ansioso no es una experiencia uniforme y puede manifestarse de forma diferente en cada individuo. En particular, las personas con tendencias de apego ansioso pueden mostrar comportamientos como la búsqueda excesiva de seguridad, mostrar celos o apego, y experimentar una mayor ansiedad al separarse de sus parejas. Estos comportamientos están impulsados por una intensa necesidad de validación y seguridad emocional, a menudo arraigada en experiencias pasadas que han dejado cicatrices emocionales. Además, la tendencia al apego ansioso a menudo está entrelazada con sentimientos subyacentes de incompetencia, baja autoestima y un anhelo constante de aceptación y aprobación.

2. Perspectivas históricas y fundamentos teóricos:

La comprensión del apego ansioso ha evolucionado significativamente con el tiempo. El trabajo pionero de John Bowlby enfatizó el profundo impacto de la separación materna temprana en el desarrollo emocional del bebé, sentando las bases del concepto de apego. Posteriormente, Mary Ainsworth amplió la teoría de Bowlby mediante sus reconocidos experimentos de "Situación Extraña", que clasificaron los patrones de apego en categorías de seguro, ansioso-ambivalente y evitativo.

Por otra parte, la influencia del pensamiento psicoanalítico, en particular las obras de Sigmund Freud y Erik Erikson, ha dejado una huella imborrable en la comprensión del apego ansioso. El énfasis de Freud en la importancia de las interacciones tempranas entre el cuidador y el niño y la formación del superyó influyó profundamente en la investigación posterior sobre el apego. De igual manera, las etapas psicosociales del desarrollo de Erikson arrojan luz sobre el papel fundamental de la confianza frente a la desconfianza durante la infancia, elucidando las bases evolutivas de los patrones de apego ansioso.

A medida que la teoría del apego continuó evolucionando, las perspectivas contemporáneas de diversas disciplinas, como la psicología del desarrollo, la neurociencia y el trabajo social, han enriquecido nuestra comprensión del apego ansioso. La integración de la psicología evolutiva ha aportado valiosas perspectivas sobre la función adaptativa de las conductas de apego en la evolución humana, arrojando luz sobre las raíces del apego ansioso en las dinámicas ancestrales de cuidado y las presiones ambientales. Además, las teorías cognitivas han dilucidado el papel de los modelos internos de funcionamiento y las representaciones mentales en la configuración del apego ansioso, ofreciendo un marco integral para comprender los componentes cognitivo-afectivos de los procesos de apego.

Por último, la perspectiva de los sistemas ecológicos, defendida por Urie Bronfenbrenner, destacó las influencias multifacéticas de la familia, la comunidad y la cultura en el desarrollo de patrones de apego, subrayando la compleja interacción entre el temperamento individual y las influencias ambientales.

3. Experiencias de la primera infancia y factores ambientales:

Durante la infancia, los niños forman sus primeras relaciones con sus cuidadores principales, las cuales sientan las bases para futuras interacciones interpersonales y la regulación emocional. La calidad de estas primeras experiencias y los factores ambientales que rodean al niño influyen significativamente en el surgimiento de patrones de apego ansioso.

El entorno de cuidado, incluyendo la receptividad, la constancia y la sensibilidad de los cuidadores, influye considerablemente en la sensación de seguridad y confianza del niño. Los bebés y niños pequeños que reciben cuidados inconsistentes o inadecuados pueden desarrollar mayor angustia y preocupación por mantener la proximidad con sus cuidadores, lo que lleva a la manifestación de un apego ansioso. Además, la exposición a períodos prolongados de estrés parental, conflictos conyugales o interrupciones en el cuidado debido a factores externos puede contribuir al desarrollo de tendencias de apego ansioso.

El contexto social y cultural más amplio en el que se cría un niño puede moldear sus experiencias de apego. Las normas sociales, los sistemas de apoyo comunitario y las condiciones económicas inciden en la disponibilidad de recursos y apoyo para las familias, lo que influye en la estabilidad y previsibilidad del entorno del niño. La falta de apoyo social o la exposición a condiciones socioeconómicas adversas pueden aumentar el riesgo de desarrollar apego ansioso, ya que pueden comprometer la capacidad de los cuidadores para brindar una atención consistente y receptiva.

Experiencias traumáticas, como el abuso, la negligencia o la separación de los cuidadores, pueden perturbar significativamente el proceso de formación del apego, provocando en el niño un aumento de la ansiedad y el miedo al abandono. Estas adversidades tempranas pueden dejar un impacto duradero en su bienestar psicológico y en su capacidad para establecer relaciones seguras y de confianza en el futuro.

4. El papel de los estilos de crianza en la formación de vínculos ansiosos:

Los estilos de crianza influyen significativamente en el desarrollo de patrones de apego en los niños, particularmente en la formación de apegos ansiosos. La crianza autoritaria, caracterizada por la calidez, la receptividad y los límites claros, tiende a fomentar apegos seguros, mientras que los estilos de crianza autoritarios y permisivos se asocian más estrechamente con el desarrollo de patrones de apego ansiosos. Los padres autoritarios suelen mostrar altos niveles de control y baja receptividad emocional, lo que lleva a los niños a desarrollar ansiedad e inseguridad en sus relaciones. Por otro lado, la crianza permisiva, caracterizada por la indulgencia y las bajas exigencias a los niños, puede resultar en un cuidado inconsistente y falta de estructura, lo que contribuye al desarrollo de la ansiedad relacionada con el apego. Comprender cómo los diferentes estilos de crianza impactan la formación del apego es crucial para reconocer los signos tempranos del apego ansioso en los niños y brindar intervenciones adecuadas. El delicado equilibrio entre la calidez y la estructura en la crianza es esencial para fomentar apegos seguros y promover el bienestar emocional.

5. Correlatos neurobiológicos:

La formación de apegos ansiosos está estrechamente vinculada a procesos neurobiológicos que influyen en el desarrollo cerebral. Comprender los correlatos neurobiológicos del apego ansioso proporciona un marco fundamental para comprender los mecanismos subyacentes implicados en la manifestación de este estilo de apego. La investigación neurocientífica ha demostrado que las experiencias tempranas y los factores ambientales desempeñan un papel fundamental en la configuración del desarrollo estructural y funcional del cerebro, en particular en las regiones asociadas con la regulación emocional y la respuesta al estrés. Estas experiencias tienen un profundo impacto en la arquitectura del cerebro en desarrollo, lo que produce efectos duraderos en el bienestar emocional y las relaciones interpersonales del individuo. La interacción entre las predisposiciones genéticas y las experiencias tempranas de la vida contribuye aún más a las bases neurobiológicas del apego ansioso. Diversos estudios han destacado la importancia de neurotransmisores como la serotonina y la oxitocina en la modulación de las conductas relacionadas con el apego y las respuestas afectivas. La desregulación de estos sistemas neuroquímicos puede contribuir a una mayor reactividad emocional y a la dificultad para gestionar el estrés, rasgos característicos del apego ansioso. Además, los avances en las técnicas de neuroimagen han proporcionado información sobre los circuitos neuronales implicados en el procesamiento de las señales sociales y la regulación de las emociones relacionadas con el apego. Los estudios de resonancia magnética funcional (fMRI) han revelado patrones de activación aberrantes en regiones cerebrales como la amígdala, la corteza prefrontal y la ínsula entre personas con apego ansioso, lo que sugiere un procesamiento neuronal alterado de los estímulos emocionales y las interacciones interpersonales. Además, la neuroplasticidad, la capacidad del cerebro para adaptarse y reorganizarse en respuesta a las experiencias, ofrece esperanza para la intervención y las intervenciones terapéuticas dirigidas a promover el apego seguro. Comprender los fundamentos neurobiológicos del apego ansioso no solo arroja luz sobre la etiología de este estilo de apego, sino que también subraya la necesidad de enfoques holísticos que integren las dimensiones psicológicas, biológicas y sociales para abordar los desafíos relacionados con el apego.

6. Trayectorias de desarrollo - Desde la infancia hasta la adolescencia:

Las trayectorias de desarrollo del apego ansioso, desde la infancia hasta la adolescencia, están marcadas por diversos patrones de comportamiento y respuestas emocionales con matices. Durante la infancia, el hito clave del desarrollo es el establecimiento de una base segura con el cuidador principal. Sin embargo, los bebés con apego ansioso pueden mostrar un mayor malestar al separarse de sus cuidadores y mostrar comportamientos ambivalentes al reencontrarse con ellos. Estas experiencias tempranas sientan las bases para las trayectorias de desarrollo posteriores. A medida que estos niños transitan hacia la primera infancia, su apego ansioso puede manifestarse en una búsqueda excesiva de seguridad, comportamientos de dependencia y dificultades para regular sus emociones. Sus capacidades cognitivas en desarrollo les permiten formar modelos internos de trabajo relacional, lo que genera una sensación generalizada de inseguridad y miedo al abandono. A lo largo de la infancia media, el apego ansioso puede manifestarse en forma de una mayor dependencia de las figuras parentales, un mayor miedo al rechazo y dificultades para establecer relaciones sanas con sus iguales. A medida que estas personas gestionan los desafíos de la adolescencia, su apego ansioso puede contribuir a un mayor miedo a la intimidad, una persistente inseguridad en sí mismos y una tendencia a obsesionarse con las relaciones. Además, los cambios hormonales y las presiones sociales característicos de esta etapa del desarrollo pueden exacerbar las ansiedades existentes relacionadas con el apego. En consecuencia, los adolescentes con apego ansioso pueden lidiar con deseos conflictivos de conexión y de evitación, lo que da lugar a dinámicas relacionales complejas. La interacción entre la maduración biológica, las influencias ambientales y las experiencias de apego moldea las trayectorias de desarrollo de las personas con apego ansioso, influyendo en su bienestar emocional y sus conexiones interpersonales a medida que avanzan por las diferentes etapas de la vida.

7. Manifestaciones adultas del apego ansioso:

En la edad adulta, las manifestaciones del apego ansioso pueden afectar significativamente diversos aspectos de la vida de una persona. Los adultos con tendencias de apego ansioso suelen demostrar una mayor necesidad de seguridad y validación en sus relaciones. Pueden presentar comportamientos como una búsqueda excesiva de cercanía, miedo al abandono y una mayor sensibilidad a las amenazas percibidas de rechazo o desconexión. Estas personas tienden a depender en gran medida del apoyo emocional de sus parejas y con frecuencia buscan la proximidad para evitar sentimientos de inseguridad o soledad. Como resultado, pueden tener dificultades para establecer límites saludables y autonomía en sus relaciones. Además, los adultos con patrones de apego ansioso pueden experimentar respuestas emocionales intensas a los factores estresantes de la relación, lo que les dificulta regular sus emociones y gestionar eficazmente los conflictos interpersonales. Su miedo al rechazo y al abandono también puede manifestarse en un deseo constante de cercanía, que puede resultar abrumador para sus parejas. Esto puede conducir a ciclos de comportamiento de tira y afloja, donde la persona oscila entre la búsqueda de proximidad y la sensación de estar abrumada por la intimidad, lo que genera inestabilidad en sus relaciones. Además, los adultos con tendencias de apego ansioso pueden exhibir pensamientos autocríticos y de inseguridad, cuestionando constantemente su autoestima y atractivo, lo que puede socavar su confianza y bienestar general. En consecuencia, esto puede contribuir a una sensación persistente de insatisfacción y angustia emocional en sus relaciones. Es crucial reconocer que estas manifestaciones no son indicativas de defectos personales, sino más bien del impacto duradero de las experiencias tempranas de apego. Comprender las manifestaciones adultas del apego ansioso es esencial para que los profesionales clínicos, terapeutas y las propias personas reconozcan y aborden estos patrones de manera efectiva. Al comprender mejor estas manifestaciones, las personas pueden comenzar a desarrollar dinámicas relacionales más saludables, mejorar la regulación emocional y fomentar una mayor seguridad en sus conexiones íntimas. Reconocer estas manifestaciones y sus causas subyacentes puede servir como catalizador para el crecimiento personal, la sanación y el cultivo de apegos más seguros en la edad adulta.

8. Rasgos psicológicos y emocionales comunes:

Las manifestaciones del apego ansioso en la edad adulta suelen caracterizarse por una serie de rasgos psicológicos y emocionales que impactan significativamente las experiencias y relaciones cotidianas de la persona. Un rasgo común observado en personas con apego ansioso es una mayor sensibilidad a las señales percibidas de rechazo o abandono. Esta hipersensibilidad puede generar un miedo generalizado a ser abandonado o no ser querido, lo que puede llevar a reaccionar exageradamente ante pequeños problemas en la relación y a buscar excesiva confianza en la pareja o en los seres queridos.

Además, las personas con apego ansioso suelen mostrar tendencia a la preocupación excesiva y a la rumiación sobre sus relaciones. Pueden tener pensamientos repetitivos e intrusivos sobre la estabilidad y seguridad de sus vínculos, lo que les provoca un malestar emocional significativo y un deterioro en su funcionamiento. Esta preocupación constante también puede contribuir a sentimientos de incompetencia y dudas sobre sí mismos, lo que afecta su bienestar general.

Como resultado de su miedo subyacente al abandono, las personas con apego ansioso pueden mostrar una propensión a comportamientos dependientes o apegados en sus relaciones. Este comportamiento puede provenir de un profundo deseo de cercanía y validación, pero también puede alejar inadvertidamente a las parejas y generar mayor inestabilidad en la dinámica de la relación.

No es raro que las personas con apego ansioso experimenten dificultades para regular sus emociones, especialmente cuando perciben amenazas a sus vínculos. Con frecuencia se reportan niveles elevados de ansiedad, inseguridad y reactividad emocional, lo que dificulta la gestión eficaz de conflictos interpersonales y factores estresantes. Estas fluctuaciones emocionales pueden afectar significativamente la capacidad de la persona para mantener relaciones estables y satisfactorias, contribuyendo a patrones recurrentes de inestabilidad relacional.

Además de estos rasgos psicológicos y emocionales, las personas con apego ansioso también pueden mostrar una tendencia a idealizar a sus parejas para mitigar su miedo al abandono. Esta idealización puede generar expectativas poco realistas y una mayor vulnerabilidad a la decepción, a medida que se hace evidente la discrepancia entre la fantasía y la realidad. En consecuencia, la lucha constante por conciliar estas percepciones idealizadas con las complejidades de las relaciones de la vida real añade otra capa de tensión a su bienestar emocional.

9. Influencia de los contextos sociales y culturales:

La influencia de los contextos sociales y culturales en los estilos de apego es un tema de profunda importancia, con profundas implicaciones para nuestra comprensión de las relaciones humanas. Las normas sociales y las prácticas culturales desempeñan un papel fundamental en la formación de los patrones de apego individuales desde la primera infancia hasta la edad adulta. En muchas sociedades, los valores culturales, las tradiciones y las estructuras familiares predominantes inciden directamente en el desarrollo y la expresión de los estilos de apego. Las actitudes culturales hacia la expresión emocional, la autonomía y la interdependencia pueden influir significativamente en la formación y el mantenimiento de los vínculos de apego. Además, las expectativas sociales respecto a los roles de género, las obligaciones familiares y la jerarquía social pueden moldear sutilmente la dinámica del apego en las relaciones interpersonales.

La diversidad cultural también contribuye a las variaciones en los estilos de apego observadas en diferentes poblaciones. La forma en que se perciben, interpretan y responden las conductas de apego puede variar drásticamente entre distintos grupos culturales. Por ejemplo, las culturas colectivistas suelen priorizar la armonía y la interdependencia grupal, lo que puede fomentar patrones de apego que enfatizan la interconexión y la integración social armoniosa. Por el contrario, las culturas individualistas pueden promover la autosuficiencia y la autonomía personal, lo que podría conducir a tendencias de apego caracterizadas por la independencia y la autosuficiencia. Estos diversos marcos culturales inevitablemente dejan una huella imborrable en la formación y expresión de los estilos de apego dentro de comunidades específicas.

El impacto de los procesos de globalización y aculturación no puede pasarse por alto al examinar la influencia de los contextos sociales y culturales en el apego. A medida que las personas se adaptan a entornos multiculturales y se enfrentan a diversos sistemas de valores, sus orientaciones de apego pueden adaptarse o modificarse. La interacción entre el contexto cultural original y las normas de la sociedad de acogida puede generar fusiones únicas de estilos de apego, lo que influye en la complejidad de las relaciones interpersonales.

El impacto del apego ansioso en las relaciones interpersonales

1. Dependencias emocionales y manifestaciones de ansiedad:

La dependencia emocional es un tema recurrente en el apego ansioso, caracterizado por una intensa dependencia de la pareja para obtener validación emocional, consuelo y sensación de seguridad. Las personas con apego ansioso pueden exhibir comportamientos como buscar contacto constante y consuelo en sus parejas, experimentar una mayor sensibilidad al rechazo o abandono percibidos y tener dificultades para autoconsolarse ante los desafíos de la relación. Esta dependencia puede generar un ciclo de inseguridad y mayor ansiedad en la relación, lo que a menudo contribuye a un patrón de turbulencia y angustia emocional.

Las manifestaciones de ansiedad en las relaciones asociadas con el apego ansioso suelen manifestarse mediante reacciones emocionales intensas y un miedo generalizado al rechazo o la pérdida. Las personas pueden oscilar entre períodos de intenso anhelo de cercanía y un miedo abrumador a quedarse solas. Estas manifestaciones pueden crear una dinámica desafiante que afecta los patrones de comunicación, la resolución de conflictos y la satisfacción general de la relación. La presencia palpable de ansiedad en estas relaciones puede generar una sensación generalizada de malestar, lo que dificulta el establecimiento de una conexión segura y armoniosa.

Las dependencias emocionales y las manifestaciones de ansiedad asociadas con el apego ansioso también pueden influir en la percepción de autoestima y competencia de las personas en el contexto de sus relaciones. Estas personas pueden albergar profundas dudas sobre su propio valor, temiendo que sus necesidades y emociones sean una carga para sus parejas. Como resultado, pueden tener dificultades para expresar sus sentimientos abiertamente, lo que resulta en un estado emocional reprimido y exacerba aún más su ansiedad internalizada.

2. Patrones de comunicación y resolución de conflictos:

Los patrones de comunicación y la resolución de conflictos son elementos cruciales para comprender el impacto del apego ansioso en las relaciones interpersonales. Las personas con apego ansioso suelen exhibir estilos de comunicación únicos, caracterizados por una mayor reactividad emocional, miedo al abandono y una profunda necesidad de consuelo. Estos patrones pueden influir significativamente en cómo se abordan y resuelven los conflictos en las relaciones.

Las personas ansiosas pueden tener dificultades para comunicarse de forma asertiva, y a menudo presentan comportamientos pasivos o agresivos debido a sus miedos e inseguridades subyacentes. Esto puede dificultar la expresión abierta de necesidades, el establecimiento de límites o la resolución de inquietudes, componentes esenciales de una comunicación sana. Además, la mayor reactividad emocional inherente al apego ansioso puede amplificar los conflictos, dificultando el diálogo constructivo sin aumentar la tensión.

La resolución de conflictos en relaciones con apego ansioso requiere un enfoque reflexivo y empático. Las parejas y las personas cercanas a quienes presentan apego ansioso deben demostrar paciencia, escucha activa y comprensión de las emociones para gestionar estas situaciones eficazmente. Abordar las causas profundas de la angustia y la ansiedad puede ayudar a reducir la intensidad de los conflictos y fomentar una comunicación más sana.

Las intervenciones terapéuticas centradas en mejorar las habilidades de comunicación y resolución de conflictos pueden ser valiosas para las personas con apego ansioso, ofreciéndoles herramientas para expresarse con mayor eficacia y gestionar los conflictos de forma constructiva. Ofrecer estrategias para una comunicación eficaz, como técnicas de escucha activa, métodos de comunicación no violentos y estrategias de desescalada de conflictos, puede empoderar a las personas para afrontar los desafíos interpersonales con mayor confianza y resiliencia.

Es importante que ambos miembros de una relación con apego ansioso reconozcan el posible impacto de los patrones de comunicación y la resolución de conflictos en la salud general de su conexión. Al fomentar un entorno de comunicación abierta, respeto mutuo y empatía, las parejas pueden trabajar juntas para abordar los conflictos y fortalecer su vínculo. Reconocer y aceptar las necesidades de apego de cada uno y adaptar sus estilos de comunicación en consecuencia puede contribuir a una relación más segura y plena.

3. Impacto en las relaciones románticas:

El apego ansioso puede afectar significativamente las relaciones románticas, a menudo influyendo en la dinámica y la salud general de la relación. Las personas con estilos de apego ansioso pueden mostrar una mayor necesidad de seguridad y validación por parte de sus parejas, lo que lleva a una mayor dependencia de sus relaciones románticas como fuente principal de seguridad y autoestima. Esta dependencia de la validación externa puede manifestarse en comportamientos como la búsqueda constante de comunicación, la expresión de miedo al abandono y la experimentación de mayores niveles de celos e inseguridad.

La tendencia a sobreanalizar las interacciones, sumada al miedo al rechazo, puede llevar a las personas con apego ansioso a interpretar señales ambiguas como indicadores de posible abandono o desinterés por parte de sus parejas. Como resultado, podrían tomar medidas preventivas para mantener la cercanía y evitar sentimientos de abandono, lo que a veces puede generar tensión o presión inadvertidamente en la relación.

En las relaciones románticas, el impacto del apego ansioso se observa en diversos aspectos de la relación, como la intimidad, la comunicación y la satisfacción general. La necesidad persistente de seguridad y el miedo al rechazo pueden influir en la forma en que una persona aborda la intimidad, lo que podría llevar a una dependencia de la pareja para satisfacer sus necesidades emocionales y brindarle seguridad. Esta dependencia puede afectar el equilibrio de la relación, generando tensión y comprometiendo la autonomía individual.

La comunicación en las relaciones románticas con un estilo de apego ansioso también puede verse afectada. Las personas con apego ansioso pueden tener dificultades para expresar eficazmente sus necesidades e inquietudes, a menudo debido a temores subyacentes al rechazo o al conflicto. Esto puede generar patrones de hipervigilancia, donde se vigilan de cerca pequeñas fluctuaciones en el comportamiento de la pareja, y cualquier desviación percibida de las respuestas esperadas puede desencadenar un aumento de la ansiedad o la angustia.

Además, en las relaciones románticas, no se puede pasar por alto el impacto del apego ansioso en las estrategias de resolución de conflictos. Las personas con apego ansioso pueden mostrar tendencia a evitar o a adaptarse excesivamente durante los conflictos, impulsadas por el miedo a poner en peligro la relación. Esto puede generar dificultades para abordar y resolver las diferencias, lo que podría contribuir a conflictos recurrentes o a necesidades insatisfechas en la relación.

4. Influencia en las amistades y círculos sociales:

El estilo de apego ansioso de una persona puede afectar significativamente su capacidad para formar y mantener amistades e interacciones sociales saludables. El miedo subyacente al abandono y el intenso deseo de cercanía inherentes al apego ansioso pueden manifestarse de diversas maneras, influyendo en la dinámica de las amistades y los círculos sociales. Un aspecto clave afectado por el apego ansioso es la tendencia a buscar excesivamente la seguridad y la validación de los amigos, lo que puede generar tensiones en estas relaciones. Las personas con un estilo de apego ansioso pueden mostrar un comportamiento dependiente o volverse excesivamente sensibles a las amenazas percibidas de rechazo, creando así una dinámica desafiante dentro de sus círculos sociales. Además, el miedo al abandono o a no ser queridas puede llevar a las personas con apego ansioso a exhibir comportamientos posesivos o controladores, lo que podría alejar a sus amigos. Estas manifestaciones pueden dificultar la formación de amistades equilibradas y recíprocas, ya que pueden crear desequilibrios en el trabajo emocional y fomentar patrones de codependencia. Asimismo, la alta sensibilidad a las señales interpersonales, comúnmente observada en personas con apego ansioso, puede llevar a interpretaciones erróneas de las señales sociales, lo que resulta en mayores niveles de celos, inseguridad y desconfianza en las amistades. En consecuencia, estos patrones de pensamiento y comportamientos negativos pueden contribuir a la tensión en los círculos sociales y a la limitación de las redes de apoyo social para las personas con apego ansioso. Concientizar sobre la influencia del apego ansioso en las amistades y los círculos sociales es crucial para fomentar conexiones sociales más sanas y plenas. Al reconocer el impacto de su estilo de apego, las personas pueden trabajar activamente para desarrollar estrategias que mitiguen los efectos negativos en sus amistades. Entablar una comunicación abierta y honesta con amigos sobre sus preocupaciones relacionadas con el apego y buscar orientación profesional puede ayudar a gestionar las complejidades de formar y mantener relaciones de apoyo con los compañeros. Además, cultivar la autoconciencia y practicar técnicas de autocontrol puede empoderar a las personas con apego ansioso para gestionar sus emociones y expectativas dentro de sus círculos sociales. Adoptar la atención plena y la introspección también puede ayudar a las personas a identificar y desafiar los patrones de pensamiento desadaptativos, lo que permite un enfoque más equilibrado y armonioso para relacionarse con los amigos.

5. Influencias parentales y dinámica familiar:

En el marco de la teoría del apego, la influencia de las relaciones parentales y la dinámica familiar tiene una profunda importancia en la configuración del estilo de apego de una persona, especialmente en el contexto del apego ansioso. El apego ansioso a menudo se deriva de experiencias tempranas dentro de la unidad familiar, donde los cuidadores pueden haber mostrado una respuesta o disponibilidad emocional inconsistente, lo que lleva a la persona a desarrollar una mayor necesidad de validación y seguridad en relaciones posteriores. Comprender el impacto de las influencias parentales y la dinámica familiar en el apego ansioso requiere una exploración exhaustiva de múltiples factores.

En primer lugar, la calidad del apego entre la persona y sus cuidadores principales sienta las bases para comprender el apego ansioso. Los cuidadores que muestran respuestas inconsistentes o impredecibles a las señales de angustia de un niño pueden contribuir al desarrollo de un estilo de apego ansioso, ya que el niño aprende a hipermonitorear la disponibilidad del cuidador en momentos de necesidad. Esta tendencia a buscar proximidad y consuelo puede perpetuarse en las relaciones adultas, lo que afecta la capacidad de la persona para confiar y regular eficazmente sus emociones en las conexiones interpersonales.

Por otro lado, la dinámica familiar desempeña un papel fundamental en la formación del estilo de apego de una persona. La presencia de conflictos, problemas no resueltos o disfunciones sistémicas en el entorno familiar pueden contribuir a una atmósfera de inseguridad emocional, reforzando así los patrones de apego ansioso. A medida que las personas gestionan interacciones familiares caracterizadas por la tensión o la imprevisibilidad, pueden internalizar una necesidad constante de validación externa y tener dificultades para desarrollar una autoestima sólida.

Además, explorar la transmisión intergeneracional de los patrones de apego dentro de las familias ofrece información valiosa sobre la perpetuación del apego ansioso a lo largo de las generaciones. Las personas criadas por padres con tendencias de apego ansioso pueden tener un mayor riesgo de desarrollar patrones relacionales similares, lo que pone de relieve la naturaleza cíclica de la dinámica del apego dentro de los sistemas familiares.

El papel de las figuras parentales como modelos para una regulación emocional y un comportamiento interpersonal saludables es fundamental. Los cuidadores que demuestran rasgos de apego seguro mediante apoyo constante, empatía y comunicación eficaz pueden mitigar el riesgo de apego ansioso en sus hijos, fomentando así una base sólida para el desarrollo de patrones relacionales seguros.

6. Enfoques e intervenciones terapéuticas:

Las intervenciones terapéuticas para abordar el apego ansioso en las relaciones interpersonales son vitales para facilitar un cambio positivo y el crecimiento personal. En primer lugar, la terapia cognitivo-conductual (TCC) se erige como una de las modalidades más utilizadas y eficaces para abordar el apego ansioso. Al identificar y reestructurar patrones de pensamiento y comportamientos desadaptativos, la TCC busca aliviar la ansiedad y mejorar la autoestima y las habilidades relacionales. Además, las intervenciones basadas en la atención plena han cobrado relevancia en los últimos años por su capacidad para cultivar la autoconciencia, la regulación emocional y la aceptación compasiva, abordando así directamente los mecanismos subyacentes del apego ansioso. Asimismo, las terapias centradas en el apego, como la Terapia Centrada en las Emociones (TCE), buscan reestructurar los vínculos de apego y fomentar conexiones seguras en las relaciones al abordar las necesidades y los miedos emocionales fundamentales. Otro aspecto esencial es la inclusión de la psicoeducación, que proporciona a las personas una comprensión más profunda de la dinámica del apego, capacitándolas para reconocer y modificar patrones relacionales perjudiciales. Además, la terapia interpersonal proporciona un espacio de apoyo y sin prejuicios para que las personas exploren y aborden sus dificultades relacionales mediante la resolución colaborativa de problemas y la mejora de la comunicación. Más allá de estas modalidades terapéuticas, la exploración de las terapias narrativas y de esquemas puede ayudar a las personas a replantear sus narrativas relacionales y reconstruir sus creencias fundamentales, promoviendo así perspectivas e interacciones más saludables. Es fundamental que los profesionales clínicos adapten las intervenciones a los antecedentes culturales y las necesidades específicas de cada persona, reconociendo la posible influencia de los factores culturales en los estilos de apego y la dinámica relacional.

7. Implicaciones a largo plazo para el desarrollo de las relaciones:

Comprender claramente las implicaciones a largo plazo del apego ansioso en el desarrollo de las relaciones es crucial para comprender su profunda influencia. Con el tiempo, las personas con apego ansioso pueden tener dificultades para mantener relaciones sanas y satisfactorias, ya que sus miedos e inseguridades subyacentes suelen manifestarse de diversas maneras perjudiciales. Es evidente que el impacto del apego ansioso se extiende mucho más allá de las etapas iniciales de una relación y puede influir significativamente en el desarrollo de las dinámicas interpersonales a largo plazo.

Al examinar las implicaciones a largo plazo, es fundamental reconocer la posible erosión de la confianza y la estabilidad emocional en las relaciones. Las personas con tendencias de apego ansioso pueden experimentar sentimientos constantes de inseguridad y duda, lo que les dificulta mantener la seguridad y la cercanía con sus parejas. Esta inquietud persistente puede generar ciclos recurrentes de agitación y tensión emocional, lo que dificulta el establecimiento de vínculos duraderos y armoniosos.

Las repercusiones a largo plazo del apego ansioso se pueden observar en el ámbito del crecimiento personal y la realización personal dentro de las relaciones. A medida que las personas gestionan las complejidades de las relaciones íntimas, sus predisposiciones ansiosas pueden impedir el desarrollo de la independencia y la seguridad en sí mismas. Esto puede fomentar una dependencia excesiva de la validación y la seguridad de sus parejas, lo que podría frenar el crecimiento mutuo y la autonomía dentro de la relación.

Además, los efectos del apego ansioso en el desarrollo de las relaciones se ven subrayados por su profundo impacto en la resolución de conflictos y los patrones de comunicación. Con el tiempo, las personas pueden verse atrapadas en ciclos repetitivos de comunicación desadaptativa y una mayor reactividad emocional, lo que dificulta la resolución de conflictos en las relaciones y fomenta el distanciamiento emocional. Estos patrones arraigados pueden, en última instancia, impedir el desarrollo de estrategias de comunicación resilientes y adaptativas, perpetuando así los desafíos relacionales.

Las implicaciones a largo plazo se extienden a implicaciones más amplias para el bienestar general y la salud mental. Las experiencias prolongadas de ansiedad e inseguridad en las relaciones pueden contribuir a un aumento de los niveles de estrés y la desregulación emocional, lo que podría afectar la resiliencia psicológica y el bienestar emocional general. En consecuencia, estas implicaciones duraderas enfatizan la importancia crucial de abordar y comprender el apego ansioso en el contexto del desarrollo de relaciones a largo plazo.

Dinámica del apego evitativo

1. Fundamentos psicosociales de las conductas de evitación:

Las conductas de apego evitativo suelen derivar de una compleja interacción de factores psicosociales que configuran los patrones relacionales y los mecanismos de afrontamiento de un individuo. Es fundamental comprender que el apego evitativo no es un rasgo aislado, sino una manifestación de influencias multifacéticas que abarcan las experiencias tempranas, la dinámica familiar y las interacciones sociales. Uno de los factores psicosociales clave que influye en las conductas de apego evitativo es la calidad de las relaciones tempranas con los cuidadores. Las investigaciones sugieren que un cuidado inconsistente o emocionalmente inaccesible durante la infancia y la primera infancia puede sentar las bases para la aparición de patrones de apego evitativo. Los niños que perciben a sus cuidadores como impredecibles o indiferentes pueden internalizar un sentido de autosuficiencia y supresión emocional como estrategias adaptativas para afrontar sus necesidades de apego insatisfechas. Además, las dinámicas familiares, como el divorcio de los padres, los conflictos familiares o los problemas de salud mental de los padres, pueden contribuir significativamente al desarrollo de tendencias de apego evitativo. Asimismo, las normas sociales y los valores culturales desempeñan un papel fundamental en la configuración de las orientaciones de apego de los individuos. Las sociedades que priorizan la independencia, la autosuficiencia y la restricción emocional pueden, inadvertidamente, fomentar un entorno propicio para el desarrollo de tendencias de apego evitativo. Además, las experiencias de rechazo, acoso o exclusión social durante la infancia pueden impulsar la adopción de mecanismos de afrontamiento evitativos como protección contra las amenazas percibidas a la vulnerabilidad emocional. Asimismo, el impacto de los factores de estrés psicosocial, como el trauma, la pérdida y los acontecimientos vitales adversos, no puede subestimarse al comprender la génesis de las conductas de evitación en la dinámica del apego. Estos factores de estrés pueden generar una mayor hipervigilancia ante posibles amenazas relacionales, lo que lleva a las personas a adoptar estrategias de evitación como medio de autopreservación.

2. Perspectivas neurobiológicas sobre el apego evitativo:

Desde la perspectiva de la neurociencia, la regulación de las respuestas emocionales y los vínculos sociales es producto de la interacción entre el sistema límbico y la corteza prefrontal. Las personas con tendencias de apego evitativo suelen presentar patrones distintivos en estos circuitos neuronales que afectan su capacidad para formar y mantener relaciones íntimas. Diversas investigaciones han indicado que la amígdala, una estructura clave responsable del procesamiento de las emociones, muestra una mayor actividad en las personas con apego evitativo, especialmente al encontrarse con estímulos emocionales o amenazas percibidas a la autonomía e independencia. Por el contrario, se observa una menor activación en las regiones cerebrales asociadas con la cognición social, como el estriado ventral y la corteza cingulada anterior, lo que sugiere una menor respuesta de recompensa y empatía hacia las emociones de los demás. Además, factores neuroquímicos, como las variaciones en los receptores de oxitocina y vasopresina, desempeñan un papel fundamental en la configuración de las conductas de apego, especialmente en el contexto de la formación y el mantenimiento de vínculos estrechos. Estos sustratos biológicos contribuyen al distanciamiento emocional y la autosuficiencia característicos que presentan las personas con estilos de apego evitativo. Más allá de la neuroanatomía funcional, los mecanismos epigenéticos que involucran la expresión génica y la regulación hormonal también han emergido como elementos cruciales que influyen en la formación de patrones de apego evitativo. Comprender la interacción entre la genética, la neurobiología y las influencias ambientales arroja luz sobre la compleja etiología del apego evitativo y allana el camino para intervenciones más personalizadas dirigidas a abordar los mecanismos neurobiológicos subyacentes.

3. Vías de desarrollo que conducen a la evitación:

Las vías de desarrollo que conducen a conductas de evitación en el apego se remontan a experiencias y relaciones tempranas durante la infancia. Las investigaciones sugieren que estas vías se ven influenciadas por diversos factores, como la capacidad de respuesta, el temperamento y los factores ambientales estresantes de los cuidadores, entre otros. Durante el período crítico del desarrollo en la primera infancia, la calidad de las relaciones de apego con los cuidadores principales desempeña un papel fundamental en la configuración del estilo de apego de una persona. Los niños que experimentan un cuidado inconsistente o insensible pueden desarrollar estrategias adaptativas de autoprotección, lo que lleva a la formación de patrones de apego evitativo.

El temperamento del niño también puede desempeñar un papel importante en el desarrollo del apego evitativo. Algunos niños pueden tener una predisposición innata a una mayor reactividad al estrés o a la novedad, lo que puede contribuir a la adopción de mecanismos de afrontamiento evitativos como medio para regular sus experiencias emocionales. Estas experiencias tempranas y características individuales interactúan con factores estresantes ambientales, como la dinámica familiar, los desafíos socioeconómicos o los eventos traumáticos, lo que configura aún más las vías de desarrollo hacia la evitación.

El impacto del modelado parental en la formación de la evitación es innegable. Los niños suelen aprender e internalizar conductas relacionadas con el apego al observar e interactuar con sus cuidadores principales. Si un cuidador muestra comportamientos despectivos o emocionalmente distantes, los niños pueden internalizar estos patrones y adoptar estrategias similares para afrontar sus propias necesidades de apego. Este proceso de aprendizaje social puede establecer patrones duraderos de evitación que persisten hasta la edad adulta.

4. Patrones cognitivos y emocionales característicos de la evitación:

El apego evitativo se acompaña de patrones cognitivos y emocionales distintivos que moldean la percepción e interacción del individuo en sus relaciones. Cognitivamente, las personas con apego evitativo pueden mostrar una tendencia a minimizar la importancia de las emociones y necesidades relacionadas con el apego. Esto a menudo se manifiesta como una reticencia a reconocer o expresar vulnerabilidades y una preferencia por la autosuficiencia. Dichos patrones cognitivos se basan en un mecanismo de defensa contra las amenazas percibidas a la autonomía e independencia emocional, lo que lleva al individuo a priorizar el desapego y la distancia emocional como medio de autoprotección. Emocionalmente, las personas con apego evitativo pueden experimentar dificultades para establecer vínculos emocionales estrechos y dificultades con la intimidad. Este patrón emocional se sustenta en el miedo a la dependencia y una mayor sensibilidad a los sentimientos de asfixia o envolvimiento en las relaciones cercanas. Como resultado, las personas con apego evitativo pueden emplear estrategias como el distanciamiento emocional, la compartimentación de los sentimientos y una tendencia a suprimir o descartar las emociones como medio de afrontamiento. Estos patrones cognitivos y emocionales no solo influyen en el mundo interno del individuo, sino que también tienen profundas implicaciones en su dinámica interpersonal externa. Es fundamental reconocer que estos patrones son respuestas adaptativas desarrolladas en experiencias de apego tempranas y que continúan ejerciendo influencia a lo largo de la vida.

5. Expresiones conductuales del apego evitativo en las relaciones:

Las personas con tendencias de apego evitativo suelen exhibir patrones de comportamiento distintivos en sus relaciones, derivados de un miedo profundamente arraigado a la intimidad y una dependencia de sí mismas. Al enfrentarse a la cercanía emocional, las personas con apego evitativo pueden mostrar una tendencia a aislarse o crear distancia emocional como mecanismo para protegerse de las posibles vulnerabilidades asociadas a las conexiones íntimas. Este aislamiento puede manifestarse mediante comportamientos como evitar conversaciones profundas, desviar las expresiones de afecto o mostrar reticencia a formar vínculos estrechos. Además, las personas con apego evitativo pueden mostrar una inclinación a mantener un sentido de independencia al resistir activamente la dependencia de sus parejas, prefiriendo la autonomía y las actividades individuales a las actividades u obligaciones compartidas.

En las relaciones románticas, estas personas pueden tener dificultades para involucrarse emocionalmente por completo o comprometerse con una intimidad a largo plazo, lo que da lugar a un patrón de relaciones efímeras o tumultuosas. Estas dinámicas relacionales pueden generar desafíos significativos para sus parejas, que a menudo las hacen sentir insatisfechas, abandonadas o rechazadas debido a la indisponibilidad emocional de la persona evitativa. Además, la reticencia de la pareja evitativa a expresar vulnerabilidad o a comunicarse abiertamente puede generar malentendidos y malas interpretaciones, lo que contribuye a la escalada de tensiones y conflictos dentro de la relación. Como resultado, el panorama relacional de una persona con apego evitativo suele caracterizarse por un ciclo de comportamientos de distanciamiento, muestras intermitentes de desapego emocional y una aparente reticencia a cultivar conexiones emocionales profundas.

Más allá de las relaciones románticas, el impacto del apego evitativo se extiende a las interacciones familiares y sociales, donde las personas pueden tener dificultades para establecer y mantener vínculos significativos. Esto podría evidenciarse por una preferencia por la soledad, una tendencia a priorizar la autosuficiencia y una reticencia a buscar apoyo o validación emocional en los demás. Ya sea en las amistades, los vínculos familiares o el entorno profesional, estas expresiones conductuales de evitación pueden obstaculizar el desarrollo de relaciones seguras y enriquecedoras, lo que genera sentimientos de aislamiento y desapego tanto para la persona como para sus compañeros.

6. Comparación con otros estilos de apego:

Al examinar la dinámica del apego evitativo, es fundamental realizar un análisis comparativo con otros estilos de apego para una comprensión integral. Se puede establecer un contraste notable entre el apego evitativo y el apego seguro. Mientras que las personas seguras muestran confianza, comodidad con la intimidad y una comunicación efectiva en sus relaciones, las personas con apego evitativo tienden a mostrar reticencia a establecer vínculos estrechos, miedo a la dependencia y tendencia a mantener la distancia emocional. Esta comparación resalta las marcadas diferencias en los patrones relacionales y la regulación emocional entre estos dos estilos de apego.

Otra comparación crucial se puede hacer con el apego ansioso. A diferencia de las personas evitativas, quienes presentan apego ansioso suelen mostrar una mayor reactividad emocional, una necesidad constante de consuelo y miedo al abandono. Este contraste pone de manifiesto las disímiles estrategias de afrontamiento y necesidades emocionales de las personas con estilos de apego ansioso y evitativo. Además, explorar las similitudes y diferencias en las expresiones conductuales del apego evitativo y ansioso proporciona información valiosa sobre los mecanismos subyacentes que impulsan estos distintos patrones de apego.

Además, un análisis comparativo con el apego desorganizado revela matices intrigantes en las conductas relacionales. El apego desorganizado se caracteriza por traumas no resueltos e inconsistencia en el enfoque de las relaciones. Al compararlo con el apego evitativo, caracterizado por el retraimiento emocional y la autosuficiencia, este análisis arroja luz sobre cómo las diferentes experiencias y mecanismos de afrontamiento contribuyen a los diferentes estilos de apego.

La comparación del apego evitativo con el ambivalente, también conocido como apego preocupado, ilustra los enfoques contrastantes sobre la cercanía y la conexión emocional. Mientras que las personas ambivalentes pueden buscar la validación y la cercanía continuas en las relaciones, las personas evitativas suelen aspirar a la independencia y la autonomía emocional. Al examinar estas disparidades, se obtiene una comprensión más profunda de la variación en las necesidades relacionales y los comportamientos interpersonales entre personas con diferentes estilos de apego.

7. Enfoques terapéuticos para abordar el apego evitativo:

Las intervenciones terapéuticas para abordar el apego evitativo requieren un enfoque integral y matizado que reconozca los desafíos y complejidades únicos inherentes a este estilo de apego. Los terapeutas que trabajan con personas que presentan patrones de apego evitativo deben adoptar un enfoque empático y centrado en el paciente, reconociendo los miedos profundos y los mecanismos de afrontamiento característicos de las personas evitativas.

Una de las principales estrategias terapéuticas consiste en crear un espacio seguro y sin prejuicios donde la persona se sienta segura para explorar y expresar sus pensamientos, emociones y patrones relacionales más íntimos. Este proceso suele implicar construir una alianza terapéutica de confianza, que permite a la persona reducir gradualmente sus defensas emocionales y asumir su vulnerabilidad.

Otro aspecto crucial de la intervención terapéutica para el apego evitativo es ayudar a las personas a desarrollar una mayor autoconciencia y comprensión de sus comportamientos relacionados con el apego. Mediante técnicas exploratorias como la escucha reflexiva, la introspección guiada y los ejercicios de registro diario, las personas pueden comenzar a reconocer las dinámicas emocionales subyacentes que alimentan sus tendencias de evitación.

Los enfoques cognitivo-conductuales son fundamentales para desafiar y reestructurar los patrones de pensamiento y creencias desadaptativos que sustentan el apego evitativo. Al identificar y replantear los esquemas cognitivos negativos, las personas pueden trabajar para reconfigurar su perspectiva relacional y fomentar estrategias de afrontamiento más adaptativas.

La terapia interpersonal también es valiosa para abordar el apego evitativo, ya que se centra en mejorar las habilidades de comunicación, la empatía y la expresión emocional en las relaciones. Los terapeutas guían a las personas en la gestión de sus dificultades interpersonales y las apoyan para establecer conexiones más sanas y plenas con los demás.

Un enfoque holístico que abarca prácticas basadas en la atención plena, técnicas de regulación de las emociones y experiencias somáticas puede fomentar la curación y la integración encarnadas, ayudando a las personas a conectarse con sus experiencias emocionales y abordar la intimidad con mayor apertura y autenticidad.

Patrones de apego evitativo en diferentes contextos

1. Orígenes del desarrollo e influencias ambientales:

Como sabemos, la teoría del apego postula que el desarrollo de patrones de apego evitativo puede verse influenciado por diversos factores durante la etapa formativa de una persona. Estos años suelen abarcar la primera infancia, cuando las personas son más susceptibles a las influencias ambientales que moldean sus estilos de apego. Un factor fundamental en el desarrollo del apego evitativo es la calidad del entorno de cuidado. Las investigaciones sugieren que los niños que experimentan negligencia constante o falta de disponibilidad emocional por parte de sus cuidadores principales pueden ser más propensos a desarrollar patrones de apego evitativo. La falta de interacciones receptivas y enriquecedoras durante etapas críticas del desarrollo puede llevar a la internalización de la autosuficiencia y la supresión emocional como mecanismos de afrontamiento. Además, el apego inseguro en los cuidadores, en particular los estilos de apego desdeñoso o temeroso-evitativo, puede contribuir a la transmisión de tendencias evitativas a sus hijos. Asimismo, factores ambientales más amplios, como el estatus socioeconómico, las normas culturales y los sistemas de apoyo social, influyen en el origen del apego evitativo en el desarrollo. Las disparidades socioeconómicas, el acceso limitado a recursos y los factores de estrés familiar pueden crear un entorno que dificulta la formación de apegos seguros, lo que podría conducir a la aparición de patrones de evitación. Las actitudes culturales hacia la expresión emocional y el individualismo frente al colectivismo también influyen en la formación del apego evitativo, ya que influyen en las prácticas de crianza y la dinámica familiar. Además, los sistemas de apoyo social, incluyendo la disponibilidad de recursos de salud mental e intervenciones comunitarias, pueden mitigar o exacerbar el riesgo de desarrollar patrones de apego evitativo. Comprender los orígenes del desarrollo y las influencias ambientales del apego evitativo es crucial para abordar estos patrones en diferentes contextos. Al reconocer la naturaleza multifacética de estas influencias, es posible implementar intervenciones específicas y estructuras de apoyo para promover el apego seguro y el bienestar psicológico en las personas afectadas por el apego evitativo.

2. Características psicológicas e indicadores de comportamiento:

Las personas con tendencias de apego evitativo suelen mostrar supresión emocional, reticencia a buscar consuelo en los demás y un fuerte énfasis en la autosuficiencia. Estas personas pueden priorizar la independencia y la autonomía, mostrando aversión a la dependencia o la cercanía en las relaciones interpersonales. En consecuencia, pueden tener dificultades para expresar vulnerabilidad o comunicar abiertamente sus sentimientos, lo que les lleva al distanciamiento emocional y al desapego como mecanismos de protección.

Además de estos rasgos psicológicos, los indicadores conductuales del apego evitativo pueden observarse a través de patrones de interacción específicos y mecanismos de afrontamiento. Las personas evitativas pueden mostrar una preferencia por mantener la distancia emocional en las interacciones sociales, mostrando una capacidad de respuesta emocional limitada y una tendencia a aislarse ante la intimidad o las exigencias emocionales percibidas. Además, pueden recurrir a estrategias de evitación como minimizar la importancia de las relaciones cercanas, enfatizar la autosuficiencia o practicar la compartimentación para afrontar los factores estresantes relacionales. Este repertorio conductual a menudo proviene de experiencias tempranas de negligencia emocional o cuidado inconsistente, lo que configura estrategias adaptativas que priorizan la autoconservación emocional.

El impacto del apego evitativo en los procesos cognitivos y la autopercepción es notable. Las personas con patrones de apego evitativo pueden desarrollar creencias internalizadas centradas en la desconfianza hacia las motivaciones de los demás, el escepticismo hacia la intimidad emocional y una actitud cautelosa hacia las interacciones sociales. Estos esquemas cognitivos contribuyen a una mayor vigilancia ante posibles amenazas en las relaciones y a una persistente sensación de vigilancia emocional. Como resultado, sus percepciones del apoyo social y las figuras de apego pueden verse filtradas por un escepticismo cauteloso, lo que las predispone a interpretar conductas benignas como indicadores de posible abandono o rechazo.

3. Adaptación adolescente y funcionamiento social:

Durante la adolescencia, las personas con patrones de apego evitativo suelen experimentar desafíos específicos en su funcionamiento social y adaptación a diversas situaciones vitales. Esta etapa crítica del desarrollo marca la transición de la infancia a la edad adulta, donde las relaciones con los iguales y las interacciones sociales desempeñan un papel fundamental en la formación de la identidad y el bienestar emocional. Los adolescentes con apego evitativo pueden mostrar un comportamiento reservado a la hora de establecer amistades cercanas o relaciones íntimas. Como resultado, pueden experimentar sentimientos de aislamiento y alienación, ya que su reticencia a buscar apoyo emocional puede dificultarles la gestión de las complejas dinámicas sociales que prevalecen durante este período. Además, los adolescentes con apego evitativo pueden mostrar aversión a la vulnerabilidad, lo que les dificulta expresar sus emociones y conectar con sus iguales a un nivel más profundo. Estas tendencias pueden contribuir a una red de apoyo limitada y obstaculizar el desarrollo de habilidades sociales cruciales necesarias para el funcionamiento adaptativo. En entornos educativos, los adolescentes con apego evitativo pueden mostrar desapego o desafío, lo que afecta su rendimiento académico y sus relaciones con profesores y compañeros. Además, estas personas pueden tener dificultades con las figuras de autoridad y resistirse a buscar ayuda cuando se enfrentan a desafíos académicos o personales. Esta firme autosuficiencia, aunque aparentemente independiente, puede obstaculizar su capacidad de buscar orientación y colaborar eficazmente en el entorno escolar. Además, la prevalencia de las redes sociales y las plataformas de comunicación digital complica aún más el panorama social de los adolescentes con apego evitativo, ya que la presión para proyectar una imagen idealizada puede exacerbar su miedo al rechazo y la incompetencia. En consecuencia, estos adolescentes pueden encontrar desalentador participar en interacciones sociales virtuales, lo que genera mayores sentimientos de distanciamiento y desconexión. Comprender el impacto del apego evitativo en la adaptación adolescente es crucial para que los educadores, los profesionales de la salud mental y los cuidadores brinden apoyo e intervenciones específicas que promuevan la resiliencia y la integración social. Al abordar estos desafíos desde el principio, los adolescentes con apego evitativo pueden desarrollar estrategias de afrontamiento más saludables, fomentar conexiones significativas y cultivar un sentido de pertenencia dentro de su entorno social.

4. Relaciones adultas y desafíos de intimidad emocional:

Las características principales de la evitación, como el retraimiento emocional, la reticencia a confiar y la incomodidad con la cercanía emocional, pueden afectar profundamente la dinámica de las relaciones adultas. En las relaciones románticas, las personas con apego evitativo pueden tener dificultades para establecer una conexión emocional profunda, expresar vulnerabilidad o brindar apoyo constante a sus parejas. Esto puede generar una sensación de distanciamiento emocional e insatisfacción en la relación para ambas partes. Además, las personas con apego evitativo pueden mostrar una tendencia a priorizar la independencia y la autosuficiencia, lo que puede crear barreras para fomentar la interdependencia y la intimidad mutuas. Como resultado, estas personas pueden verse atrapadas en un ciclo de rechazo a los demás mientras, al mismo tiempo, anhelan validación y conexión. Estos desafíos en las relaciones adultas a menudo tienen su origen en experiencias tempranas de negligencia emocional, cuidado inconsistente o trauma, que han moldeado sus orientaciones de apego. Además, el miedo al rechazo y las defensas psicológicas desarrolladas en respuesta a heridas relacionales pasadas pueden manifestarse como conductas defensivas y desapego emocional en sus relaciones adultas actuales. Reconocer y abordar estos patrones es crucial para que las personas con apego evitativo emprendan un camino de crecimiento personal y sanación relacional. Participar en terapia o prácticas autorreflexivas puede brindar a las personas la oportunidad de explorar y comprender las raíces de sus tendencias evitativas, cultivar una mayor autoconciencia y desarrollar estrategias más saludables para gestionar la intimidad emocional. Al reconocer el impacto de las experiencias tempranas de apego y desafiar activamente los mecanismos de afrontamiento desadaptativos, las personas con apego evitativo pueden aprender gradualmente a integrar la vulnerabilidad, la empatía y la intimidad en sus relaciones adultas.

5. Conductas evitativas en el lugar de trabajo:

En el contexto laboral, la manifestación de conductas de apego evitativo puede afectar significativamente el rendimiento, las interacciones y el bienestar general de una persona. Quienes presentan patrones de apego evitativo pueden mostrar reticencia a buscar el apoyo de colegas o supervisores, prefiriendo a menudo el trabajo independiente y una interacción mínima. Esta preferencia por la autonomía podría percibirse como un atributo positivo en algunos roles; sin embargo, en entornos colaborativos, puede generar dificultades en el trabajo en equipo, la comunicación y el establecimiento de relaciones cohesionadas. Estas personas también pueden tener dificultades para expresar vulnerabilidad o admitir errores, lo que puede obstaculizar su crecimiento personal y profesional. Además, la incomodidad inherente con la intimidad emocional puede traducirse en dificultades para proporcionar y recibir retroalimentación constructiva, lo que en última instancia afecta la productividad y la calidad del trabajo. Es crucial que los líderes organizacionales y los profesionales de recursos humanos reconozcan y comprendan estas conductas para crear entornos laborales de apoyo e inclusión. Asimismo, intervenciones como los programas de mentoría, la capacitación en comunicación efectiva y resolución de conflictos, y la promoción de la seguridad psicológica pueden ayudar a las personas con estilos de apego evitativo a gestionar la dinámica laboral de forma más eficaz. Al reconocer el valor de los diversos estilos de apego en el lugar de trabajo, las organizaciones pueden fomentar un entorno que se adapte a las diversas preferencias de comunicación y colaboración, maximizando así el potencial de todos los empleados. Más allá del nivel individual, la influencia del apego evitativo en los estilos de liderazgo y los procesos de toma de decisiones dentro de las estructuras organizacionales merece ser explorada. Comprender cómo las personas evitativas responden a la autoridad, gestionan responsabilidades y se involucran en dinámicas de poder puede ofrecer información para mejorar la eficacia del liderazgo y la dinámica de equipo.

6. Perspectivas transculturales sobre el apego evitativo:

Las variaciones culturales pueden influir significativamente en la expresión y la percepción de la evitación en las relaciones e interacciones interpersonales. Las investigaciones han demostrado que, si bien el concepto de apego evitativo es universal, su manifestación e implicaciones pueden variar considerablemente entre culturas.

Un aspecto importante a considerar es el papel del colectivismo frente al individualismo en la formación de las conductas de apego. Las culturas que priorizan los valores colectivistas suelen enfatizar la interconexión, la interdependencia y las relaciones armoniosas dentro de la comunidad. En tales contextos, las personas con tendencias de apego evitativo pueden enfrentar desafíos específicos, ya que su inclinación hacia la autosuficiencia emocional y el desapego puede entrar en conflicto con las expectativas comunitarias de cercanía y apoyo mutuo. Por otro lado, en culturas individualistas que priorizan la autonomía y el logro personal, la expresión del apego evitativo puede ser más congruente culturalmente, aunque con posibles repercusiones en las relaciones íntimas y la satisfacción emocional.

Factores contextuales como la estructura familiar, las normas sociales en torno a los roles de género y las tradiciones de expresión emocional también contribuyen a la configuración del apego evitativo en diversas culturas. Por ejemplo, las actitudes culturales hacia la vulnerabilidad emocional, la autorrevelación y la intimidad pueden influir directamente en cómo se percibe y gestiona el apego evitativo en diversos entornos culturales. Esto pone de relieve la necesidad de abordar el apego evitativo desde una perspectiva culturalmente sensible, reconociendo la interacción sutil entre las disposiciones individuales y los contextos culturales.

Además, los investigadores han explorado la prevalencia y las implicaciones del apego evitativo en relaciones románticas, amistades y entornos profesionales interculturales. Estudios comparativos han esclarecido cómo la diversidad cultural influye en la experiencia y el manejo del apego evitativo, destacando tanto los desafíos como las fortalezas que surgen de estas diferencias. Comprender las variaciones interculturales en los patrones de apego evitativo proporciona información valiosa a profesionales de la salud mental, educadores y legisladores para diseñar intervenciones y sistemas de apoyo eficaces que se adapten a diversas perspectivas culturales.

7. Observaciones clínicas y enfoques terapéuticos:

En entornos clínicos, los profesionales de la salud mental suelen encontrarse con personas que presentan conductas de apego evitativo, lo que puede afectar significativamente sus relaciones y su bienestar general. Mediante la observación y la evaluación sistemáticas, los profesionales clínicos pueden obtener información valiosa sobre las manifestaciones del apego evitativo, lo que permite intervenciones terapéuticas personalizadas.

Los enfoques terapéuticos buscan ayudar a las personas con patrones de apego evitativo a desarrollar formas más sanas y seguras de relacionarse con los demás. La terapia cognitivo-conductual (TCC) ha demostrado ser prometedora para abordar patrones de pensamiento y comportamientos desadaptativos asociados con el apego evitativo. Al identificar y cuestionar las creencias negativas sobre las relaciones y la intimidad, las personas pueden aprender gradualmente a formar conexiones más positivas y gratificantes.

Además, las intervenciones basadas en el apego se centran en promover la regulación emocional y generar confianza en las interacciones interpersonales. Estos enfoques suelen incorporar elementos de atención plena y técnicas centradas en las emociones para ayudar a las personas a explorar y comprender sus miedos y defensas subyacentes relacionados con el apego. Mediante la exposición y el procesamiento gradual de experiencias relacionales pasadas, la terapia busca facilitar una mayor sensación de seguridad y comodidad al establecer vínculos estrechos.

Las terapias psicodinámicas profundizan en la exploración de las experiencias tempranas de apego y su impacto en las dinámicas relacionales actuales. Al explorar patrones relacionales inconscientes y conflictos de apego no resueltos, las personas pueden comprender el origen de sus tendencias evitativas y trabajar para resolver conflictos internos. La relación terapéutica en sí misma sirve como un espacio crucial para experimentar y reestructurar dinámicas de apego problemáticas.

En la práctica clínica, es fundamental que los profesionales de la salud mental aborden el apego evitativo con sensibilidad y empatía, reconociendo los miedos profundamente arraigados y las estrategias de afrontamiento que configuran las conductas relacionales de las personas. Crear un espacio seguro y sin prejuicios para que los clientes exploren sus patrones de apego es fundamental para el proceso terapéutico. Además, el establecimiento colaborativo de objetivos y la retroalimentación continua garantizan que las intervenciones terapéuticas se ajusten a las necesidades y objetivos específicos de cada persona.

Análisis comparativo de los estilos de apego

1. Características principales compartidas entre los estilos de apego:

Al examinar los estilos de apego en diferentes individuos, se hace evidente que existen características fundamentales que tienden a ser compartidas entre estos diferentes estilos. Una de las características más destacadas es la necesidad humana de conexión social y la formación de relaciones estrechas y significativas. Independientemente del estilo de apego específico de cada individuo, los seres humanos universalmente buscan y valoran las conexiones con los demás como medio para encontrar apoyo emocional, seguridad y un sentido de pertenencia. Este deseo de relaciones estrechas es un elemento fundamental que sustenta el concepto de apego y prevalece en todos los estilos de apego. Además, otra característica fundamental compartida por los diferentes estilos de apego es el impacto de las relaciones tempranas con los cuidadores en el desarrollo socioemocional posterior. La investigación destaca constantemente el papel crucial de las experiencias tempranas de cuidado en la configuración del estilo de apego de una persona y su capacidad para formar y mantener relaciones más adelante en la vida. La calidad de las interacciones con los cuidadores principales durante la infancia y la primera infancia sienta las bases para los modelos de funcionamiento internos que influyen en los comportamientos y actitudes relacionados con el apego a lo largo de la vida. Asimismo, la regulación emocional surge como una característica fundamental compartida por todos los estilos de apego. Las personas con diferentes patrones de apego pueden mostrar diversas estrategias para regular sus emociones, pero la necesidad subyacente de gestionar y afrontar las experiencias emocionales es universal. Una regulación emocional eficaz es esencial para gestionar las relaciones interpersonales y mantener el bienestar psicológico, lo que la convierte en un aspecto fundamental en todos los estilos de apego. Además, la percepción de seguridad en las relaciones destaca como un denominador común entre los diferentes estilos de apego. Independientemente de si una persona tiende hacia un apego seguro, ansioso o evitativo, el deseo fundamental de sentir seguridad, confianza y comodidad en las relaciones cercanas se mantiene constante. Esta necesidad fundamental de seguridad impulsa muchos de los comportamientos y dinámicas relacionales inherentes a los diversos estilos de apego.

2. Vías y influencias del desarrollo diferencial:

Desde la infancia hasta la edad adulta, los estilos de apego de las personas se ven moldeados por una multitud de factores, entre ellos, las conductas de cuidado parental, las normas culturales y las influencias sociales. El desarrollo diferencial de los estilos de apego comienza durante los años de formación, cuando los bebés establecen patrones de interacción con sus cuidadores principales. La calidad del cuidado y la capacidad de respuesta en los primeros años sientan las bases para el desarrollo de estilos de apego seguro, ansioso o evitativo. Marcos conceptuales como la teoría etológica de Bowlby y la teoría del apego de Ainsworth han destacado la importancia de estas experiencias tempranas en la configuración de los modelos de trabajo internos y las conductas relacionales de las personas. Además, la influencia de dinámicas familiares, como el divorcio, la pérdida o el trauma de los padres, puede afectar significativamente las trayectorias de desarrollo de los estilos de apego. A medida que las personas transitan hacia la infancia y la adolescencia, la influencia de las estructuras sociales y las relaciones con los pares se vuelve cada vez más evidente. Las experiencias de aceptación, rechazo y acoso entre iguales pueden moldear dinámicamente los patrones de apego, influyendo en la autoestima, la confianza y la regulación emocional. Además, el contexto sociocultural más amplio desempeña un papel fundamental en la formación de los estilos de apego. Las variaciones culturales en las prácticas de crianza, los sistemas de apoyo comunitario y los valores sociales contribuyen a la diversidad de patrones de apego observada en diferentes poblaciones. Por ejemplo, las culturas colectivistas pueden priorizar la interdependencia y la restricción emocional, lo que podría conducir a dinámicas de apego distintas a las de las culturas individualistas. Asimismo, los cambios sociales y los avances tecnológicos han introducido nuevas dimensiones en las vías de desarrollo de los estilos de apego. La influencia generalizada de los medios digitales, las redes sociales y las interacciones virtuales ha generado nuevos desafíos y oportunidades en la formación de vínculos de apego. Comprender estas diversas vías e influencias del desarrollo es fundamental para los profesionales de la psicología, la educación y la salud.

3. Estilos de apego en las estructuras familiares y sociales:

Los estilos de apego no solo moldean el comportamiento y las experiencias individuales, sino que también tienen un profundo impacto en las estructuras familiares y sociales. Dentro de la unidad familiar, los patrones de apego suelen sentar las bases de la calidad de las relaciones entre padres e hijos, influyendo en la sintonía emocional, la capacidad de respuesta y el enfoque general de cuidado de los padres. El apego seguro en las relaciones parentales se asocia con una mayor seguridad emocional, autonomía y bienestar psicosocial general en los niños, mientras que el apego ansioso o evitativo puede conducir a desregulación emocional, inseguridad y dificultad para establecer vínculos íntimos. Además, la transmisión intergeneracional de los estilos de apego puede perpetuar patrones de apego seguro o inseguro a lo largo de las generaciones dentro de las estructuras familiares. Dentro de las estructuras sociales, los estilos de apego desempeñan un papel fundamental en la calidad de las amistades, las relaciones románticas y las interacciones profesionales. Las personas con apego seguro tienden a establecer vínculos más satisfactorios y de confianza, mientras que quienes tienen apego inseguro pueden tener dificultades con la intimidad, la comunicación y la empatía en sus relaciones sociales. Asimismo, los estilos de apego influyen en la formación de redes de apoyo social, mecanismos de afrontamiento y resiliencia ante la adversidad. Comprender la interacción entre los patrones de apego en las estructuras familiares y sociales proporciona un marco integral para abordar la dinámica relacional, la resolución de conflictos y el cultivo de entornos saludables y de apoyo.

4. Impactos psicológicos de diversos patrones de apego:

Las investigaciones han destacado sistemáticamente la importante correlación entre los estilos de apego y el bienestar psicológico, y el apego seguro se asocia a una mayor resiliencia emocional y estrategias de afrontamiento adaptativas ante la adversidad. Por el contrario, las personas con tendencias de apego ansioso pueden experimentar niveles elevados de ansiedad, hipervigilancia y una propensión a patrones de pensamiento rumiativo, lo que puede contribuir a dificultades para regular las emociones y gestionar el estrés. De igual forma, quienes presentan patrones de apego evitativo pueden mostrar desapego emocional, reticencia a buscar apoyo y una tendencia a ignorar sus propias necesidades, lo que dificulta la formación y el mantenimiento de relaciones íntimas. Comprender las implicaciones psicológicas de estos diversos patrones de apego es fundamental para brindar intervenciones y apoyo eficaces. Además, estudios longitudinales han indicado que las experiencias tempranas de apego pueden moldear los esquemas cognitivos y la regulación afectiva, influyendo así en el autoconcepto, las conductas interpersonales y el ajuste psicológico general. Asimismo, el impacto de los estilos de apego trasciende el bienestar individual y se extiende a contextos sociales más amplios. Por ejemplo, las personas con apego seguro tienden a mostrar mayor empatía, comportamiento prosocial y habilidades más constructivas para la resolución de conflictos, lo que contribuye positivamente a la armonía social y la resiliencia comunitaria. Por el contrario, las personas con patrones de apego inseguro pueden tener un mayor riesgo de desarrollar mecanismos de afrontamiento desadaptativos, susceptibilidad a trastornos de salud mental y perpetuar patrones intergeneracionales de apego inseguro. Reconocer estos impactos psicológicos subraya la importancia de promover el apego seguro en diversos entornos, desde las prácticas de crianza hasta las intervenciones terapéuticas. Enfatizar el rol de los profesionales de la salud mental y los cuidadores en el fomento de entornos de apego seguro puede mitigar las consecuencias psicológicas adversas asociadas con diversos patrones de apego, fomentando así la salud emocional de las personas y las comunidades.

5. Perspectivas transculturales sobre los estilos de apego:

A medida que individuos de diversos orígenes culturales se enfrentan a las complejidades de las relaciones humanas, sus experiencias de apego están profundamente arraigadas en la estructura de su herencia cultural. Al explorar las perspectivas interculturales sobre los estilos de apego, se hace evidente que los contextos culturales influyen significativamente en la construcción y manifestación de los vínculos de apego. Las normas culturales relativas a la expresión emocional, la interdependencia familiar y las expectativas sociales desempeñan un papel fundamental en la configuración de la dinámica del apego. Por ejemplo, las culturas colectivistas pueden priorizar la interconexión y la armonía grupal, fomentando patrones de apego que enfatizan las relaciones comunitarias y la interdependencia. Por el contrario, las culturas individualistas pueden valorar más la independencia y la autonomía, lo que influye en estilos de apego que se inclinan hacia la autosuficiencia y la autonomía personal. Además, la exploración de las perspectivas interculturales revela la interacción entre los estilos de apego y la transmisión cultural. La transmisión de normas y comportamientos de apego a lo largo de generaciones dentro de contextos culturales específicos dilucida el impacto de las tradiciones culturales en la dinámica del apego. Es esencial reconocer las variaciones interculturales sutiles en los estilos de apego, ya que presentan implicaciones para las intervenciones terapéuticas y los sistemas de apoyo. Al reconocer la diversidad de experiencias de apego en las distintas culturas, los profesionales de la salud mental pueden diseñar intervenciones adaptadas a los marcos culturales y relacionales de diversas poblaciones. Además, una comprensión más profunda de las perspectivas interculturales sobre los estilos de apego fomenta estrategias de evaluación e intervención culturalmente sensibles, garantizando que las personas reciban un apoyo eficaz y relevante dentro de sus contextos culturales. Al adoptar una perspectiva intercultural, investigadores y profesionales pueden enriquecer su comprensión de los procesos de apego, contribuyendo al avance de una práctica psicológica inclusiva y culturalmente informada. La integración de perspectivas interculturales en la investigación sobre el apego amplía nuestro conocimiento sobre la universalidad y la singularidad de los fenómenos del apego, destacando la necesidad de una multiplicidad de narrativas en el estudio del apego humano.

APLICACIONES DE LA TEORÍA EN PSICOLOGÍA CLÍNICA

Teoría del apego en psicoterapia

En psicoterapia, la teoría del apego proporciona valiosas perspectivas sobre la dinámica de las relaciones humanas y el impacto de las experiencias tempranas de apego en el bienestar emocional y psicológico de una persona. Los terapeutas utilizan la teoría del apego para explorar los patrones relacionales, la regulación emocional y las dificultades interpersonales de los clientes, fomentando una comprensión más profunda de sus modelos de funcionamiento internos. Esta comprensión sienta las bases para intervenciones terapéuticas eficaces y enfoques centrados en el cliente. A través de la teoría del apego, los terapeutas pueden ayudar a los clientes a desarrollar vínculos más seguros, fortalecer la autoestima y mejorar su calidad de vida en general.

Un aspecto clave de la teoría del apego en psicoterapia es el énfasis en la creación de un entorno terapéutico seguro y de apoyo. Los terapeutas buscan establecer una base sólida para los clientes, que refleje las figuras de apego seguro descritas en la teoría del apego. Al proporcionar un espacio enriquecedor y empático, los terapeutas facilitan la exploración de las dificultades de los clientes relacionadas con el apego y promueven la sanación y el crecimiento. Este enfoque permite a los clientes procesar las heridas de apego no resueltas, desarrollar confianza en la relación terapéutica y experimentar experiencias emocionales correctivas. Mediante una combinación de técnicas orientadas a la introspección e intervenciones relacionales, la psicoterapia centrada en el apego busca transformar los patrones de apego desadaptativos de los clientes y mejorar su capacidad de intimidad y conexión.

La teoría del apego orienta la selección e implementación de modalidades terapéuticas. Los enfoques psicodinámicos, como la terapia de relaciones objetales, se basan en gran medida en la teoría del apego, enfatizando la influencia de las relaciones tempranas con los cuidadores en el desarrollo del yo. Las intervenciones cognitivo-conductuales también están diseñadas para abordar esquemas y creencias relacionados con el apego, centrándose en distorsiones cognitivas específicas asociadas con apegos inseguros. La integración de estas modalidades en un marco basado en el apego mejora la eficacia del tratamiento, permitiendo a los terapeutas abordar las causas profundas del malestar emocional y los desafíos relacionales de los pacientes.

Además, la psicoterapia basada en el apego ofrece valiosas perspectivas sobre el papel del vínculo terapéutico para facilitar la sanación y la transformación. Los terapeutas se esfuerzan por cultivar un vínculo de apego seguro con sus clientes, modelando dinámicas relacionales saludables y promoviendo la sintonía emocional. Al demostrar atención genuina, receptividad y autenticidad, los terapeutas brindan a los clientes una experiencia emocional correctiva que contrarresta las lesiones previas relacionadas con el apego. Este proceso reparador fomenta el desarrollo de modelos internos de trabajo seguros y empodera a los clientes para construir relaciones más saludables fuera del entorno terapéutico.

Herramientas y métodos de evaluación

La evaluación es un aspecto fundamental de la aplicación de la teoría del apego en psicología clínica. Implica la evaluación sistemática de los patrones e historial de apego de una persona para fundamentar la planificación del tratamiento y las estrategias de intervención. Se utilizan diversas herramientas y métodos para evaluar el apego, incluyendo autoinformes, entrevistas estructuradas y evaluaciones observacionales. Los autoinformes, como la Entrevista de Apego para Adultos (AAI), y los cuestionarios autoadministrados proporcionan información sobre los modelos internos de apego de una persona y su percepción de las relaciones.

Las entrevistas estructuradas, a menudo realizadas por profesionales clínicos capacitados, permiten una exploración más profunda de las experiencias relacionadas con el apego, proporcionando información valiosa para comprender el estilo de apego de la persona y su impacto en su bienestar psicológico. Además, las evaluaciones observacionales, como el Procedimiento de Situaciones Extrañas para niños o el Sistema de Imágenes Proyectivas de Apego para Adultos, ofrecen una visión de las conductas de apego en entornos controlados, lo que permite identificar patrones de apego.

Además de estas herramientas estandarizadas, los profesionales clínicos también pueden emplear otros métodos, como el análisis narrativo de historias de vida, la evaluación del comportamiento no verbal y la exploración de la dinámica familiar. La integración de información de múltiples fuentes puede ofrecer una comprensión integral del historial de apego y los patrones relacionales actuales de una persona.

Al realizar evaluaciones, es fundamental que los profesionales clínicos consideren los factores culturales que pueden influir en las experiencias y expresiones de apego. La sensibilidad y la conciencia cultural son cruciales al interpretar los resultados de la evaluación para evitar interpretaciones erróneas o conclusiones sesgadas. Además, un enfoque interdisciplinario, que implica la colaboración con profesionales de diversos orígenes, puede enriquecer el proceso de evaluación y garantizar que la complejidad de la dinámica del apego se comprenda y aborde a fondo.

Una evaluación eficaz también requiere una comprensión profunda de la teoría del apego y su relevancia para la práctica clínica. Los profesionales clínicos deben estar familiarizados con las diversas clasificaciones de apego, como el seguro, el ansioso-ambivalente, el evitativo y el desorganizado, y reconocer sus manifestaciones en las diferentes etapas del desarrollo y en diversos contextos relacionales. Al integrar el conocimiento teórico con las habilidades prácticas, los profesionales clínicos pueden evaluar con precisión los patrones de apego y adaptar las intervenciones en consecuencia.

La fase de evaluación no solo proporciona información diagnóstica valiosa, sino que también sienta las bases para formular planes de tratamiento personalizados. Permite a los profesionales sanitarios identificar objetivos específicos para la terapia, anticipar posibles desafíos relacionados con los problemas de apego y determinar los enfoques terapéuticos más adecuados. Este enfoque específico mejora la eficacia de las intervenciones y promueve resultados positivos en el ámbito clínico.

Abordar los trastornos del apego

La evaluación de los trastornos del apego generalmente implica una combinación de medidas estandarizadas, entrevistas clínicas y observaciones conductuales para comprender mejor los patrones de apego de una persona y sus dificultades psicológicas subyacentes. Los profesionales clínicos competentes están capacitados para reconocer síntomas como sociabilidad indiscriminada, problemas de confianza e intimidad, y conductas excesivamente controladoras o disociativas que pueden indicar problemas relacionados con el apego. Mediante el uso de herramientas de evaluación validadas, como el Procedimiento de Situaciones Extrañas y las Entrevistas de Apego en Adultos, los profesionales clínicos pueden recopilar información valiosa para orientar la planificación del tratamiento y la selección de la intervención.

Al formular intervenciones para los trastornos del apego, los profesionales clínicos recurren a diversas modalidades terapéuticas, como la psicoterapia basada en el apego, los enfoques cognitivo-conductuales y la atención adaptada al trauma. Los objetivos de la intervención abarcan fomentar representaciones de apego seguro, promover la sintonía emocional entre clientes y cuidadores, y abordar el trauma subyacente o las rupturas relacionales que contribuyen a las dificultades del apego. Técnicas como las intervenciones basadas en la atención plena, la terapia centrada en las emociones y la reestructuración narrativa suelen resultar beneficiosas para ayudar a las personas a replantear sus modelos internos de funcionamiento y cultivar patrones de relación más adaptativos.

Abordar los trastornos del apego requiere una cuidadosa consideración de los principios éticos, especialmente en casos que involucran a poblaciones vulnerables, como niños y personas con trastornos graves del apego. Los profesionales clínicos priorizan el consentimiento informado, la confidencialidad y la sensibilidad cultural, al tiempo que gestionan las complejidades de los tratamientos centrados en el apego, garantizando que las iniciativas terapéuticas se ajusten al interés superior de los pacientes y cumplan con las directrices profesionales.

Intervenciones para adultos con apego inseguro

Las personas con patrones de apego inseguro suelen enfrentar desafíos significativos para formar y mantener relaciones saludables. Por ello, las intervenciones para adultos con apego inseguro buscan abordar estas dificultades y promover el bienestar relacional. Los enfoques terapéuticos comúnmente utilizados para abordar el apego inseguro incluyen la terapia cognitivo-conductual (TCC), la terapia psicodinámica y las intervenciones basadas en el apego. Estas intervenciones se centran en explorar el historial de apego de la persona, identificar patrones desadaptativos de relación y fomentar conexiones interpersonales más saludables. Las técnicas de TCC ayudan a las personas a reconocer y desafiar los patrones de pensamiento y comportamientos negativos derivados de sus experiencias de apego. La terapia psicodinámica profundiza en las influencias inconscientes de las relaciones de apego tempranas en el comportamiento y las emociones actuales, facilitando una comprensión más profunda del propio estilo de apego. Las intervenciones basadas en el apego, por otro lado, enfatizan la creación de una base segura para que los clientes exploren y procesen sus dificultades relacionadas con el apego dentro de la relación terapéutica. Además, las intervenciones basadas en la atención plena han demostrado ser prometedoras para promover un apego seguro al mejorar la autoconciencia y la regulación emocional. Además, los entornos de terapia grupal brindan un entorno de apoyo para que las personas con apegos inseguros conecten con otras personas que comparten experiencias similares, reduciendo así los sentimientos de aislamiento y estigma. La incorporación de prácticas de atención plena y dinámicas de grupo puede complementar la terapia individual para abordar la naturaleza multifacética del apego inseguro. Asimismo, abordar el trauma o la pérdida no resueltos que pueden contribuir al apego inseguro es crucial en las intervenciones para adultos. Los terapeutas pueden utilizar intervenciones centradas en el trauma, como la Desensibilización y Reprocesamiento por Movimientos Oculares (EMDR) y la terapia de exposición narrativa, para procesar experiencias pasadas y aliviar su impacto en los patrones de apego. Promover la autocompasión y las prácticas de autocuidado también es fundamental para ayudar a los adultos con apegos inseguros a desarrollar una autoimagen más positiva y mejorar su capacidad de intimidad. Es esencial que los terapeutas aborden las intervenciones para adultos con apegos inseguros con sensibilidad y empatía, considerando los profundos desafíos emocionales que estas personas pueden experimentar.

Aplicación en contextos de terapia familiar

La terapia familiar es una vía esencial para aplicar la teoría del apego, ya que permite una exploración exhaustiva de la dinámica del apego dentro de la unidad familiar. Al comprender cómo interactúan e influyen los patrones de apego individuales en el contexto familiar, los terapeutas pueden abordar los desafíos relacionales y promover vínculos de apego más saludables. En la terapia familiar, el enfoque no se centra únicamente en el estilo de apego individual, sino también en la interacción de los patrones de apego entre los miembros de la familia. Este enfoque reconoce que el sistema familiar desempeña un papel fundamental en la formación y el fortalecimiento de las conductas y creencias de apego.

Un aspecto clave de la aplicación de la teoría del apego en la terapia familiar es la identificación de las jerarquías de apego dentro de la estructura familiar. Los terapeutas exploran los vínculos de apego entre padres e hijos, entre hermanos y entre cada padre y sus hijos. Comprender estas jerarquías proporciona información valiosa sobre las dinámicas de poder, la cercanía emocional y los posibles conflictos dentro de la familia. También permite el desarrollo de intervenciones específicas para fortalecer los apegos seguros y abordar los apegos inseguros o desorganizados.

Otro aspecto importante de la aplicación de la teoría del apego en la terapia familiar es el énfasis en la creación de un entorno seguro y de apoyo para explorar los problemas relacionados con el apego. Los terapeutas facilitan la comunicación abierta, la empatía y la validación en las sesiones familiares para promover la sintonía emocional y reparar las rupturas en los vínculos de apego. Este proceso ayuda a los familiares a comprender mejor sus dinámicas de apego y fomenta una sensación de seguridad y confianza en el espacio terapéutico.

Los terapeutas familiares utilizan la teoría del apego para guiar intervenciones destinadas a promover relaciones saludables entre padres e hijos y fomentar un apego seguro en la infancia. Esto puede implicar brindar orientación a los padres sobre un cuidado receptivo y sensible, enseñarles sobre el impacto de su propia historia de apego en la crianza y ayudarles a desarrollar estrategias para satisfacer eficazmente las necesidades de apego de sus hijos. Además, las intervenciones de terapia familiar incorporan elementos de la terapia de juego y enfoques narrativos para que los niños exploren y expresen sus experiencias de apego en el contexto familiar.

Intervenciones infantiles y enfoques parentales

Las intervenciones infantiles guiadas por la teoría del apego se centran en promover relaciones saludables entre padres e hijos, abordar las interrupciones del apego y fomentar vínculos seguros en el desarrollo temprano. Los enfoques parentales basados en la teoría del apego enfatizan la importancia de un cuidado sensible y receptivo para fomentar vínculos de apego seguros. Mediante una combinación de psicoeducación, estrategias prácticas e intervenciones terapéuticas, los profesionales clínicos trabajan con los cuidadores para mejorar su comprensión del comportamiento, las emociones y las necesidades de desarrollo del niño dentro del marco del apego.

Las intervenciones de crianza basadas en el apego implican educar a los padres sobre el impacto de sus interacciones en la regulación emocional, el desarrollo social y el bienestar general de sus hijos. Esto incluye promover la sintonía con las señales del niño, crear un entorno acogedor y predecible, y facilitar una base segura para fomentar la exploración y la autonomía. Los profesionales clínicos colaboran con los padres para identificar y abordar posibles dificultades de apego, como patrones de apego desorganizados o ambivalentes, mediante intervenciones estructuradas que buscan promover una mayor seguridad emocional y confianza entre el niño y el cuidador.

En la práctica clínica, las intervenciones infantiles también incluyen el apoyo a los cuidadores en el manejo de conductas desafiantes, la gestión de la ansiedad por separación y la promoción de límites saludables en la relación padre-hijo. Se utilizan técnicas terapéuticas, como la terapia de juego, la arteterapia y los enfoques narrativos, para ayudar a los niños a expresar sus pensamientos y sentimientos, a la vez que fortalecen el vínculo entre padres e hijos. Además, los profesionales clínicos integran programas de crianza basados en la evidencia, como el Círculo de Seguridad y la Terapia de Interacción Padre-Hijo (PCIT), para brindar apoyo integral tanto al niño como al cuidador.

Los enfoques parentales basados en la teoría del apego subrayan la importancia de la sensibilidad, la calidez y la sintonía para fomentar apegos seguros. Al empoderar a los padres con conocimientos y habilidades basados en los principios del apego, los profesionales clínicos desempeñan un papel crucial en la mejora de la calidad de las interacciones entre padres e hijos y el bienestar emocional a largo plazo de los niños.

Uso en el tratamiento del trauma y el trastorno de estrés postraumático

El tratamiento del trauma y del trastorno de estrés postraumático (TEPT) es un área crucial donde la teoría del apego desempeña un papel fundamental. Cuando las personas experimentan eventos traumáticos, sus patrones de apego pueden influir en su respuesta al trauma y en su capacidad para afrontar sus consecuencias.

Un aspecto clave es reconocer el impacto de las experiencias tempranas de apego en la respuesta individual al trauma. Quienes tienen apegos seguros pueden demostrar mayor resiliencia y mecanismos de afrontamiento al afrontar el trauma, mientras que quienes tienen apegos inseguros podrían experimentar síntomas más graves de TEPT. Comprender esta relación permite a los profesionales clínicos adaptar las intervenciones para abordar vulnerabilidades específicas relacionadas con el apego.

En terapia, establecer una alianza terapéutica segura es crucial para las personas con trauma o TEPT. Utilizando la teoría del apego, los terapeutas pueden crear un entorno seguro y de apoyo que refleje el concepto de base segura. Al brindar una relación de confianza, los terapeutas permiten a los clientes explorar y procesar experiencias traumáticas dentro de un marco seguro, lo que promueve la sanación y la recuperación.

Las intervenciones centradas en el apego, como el fortalecimiento del funcionamiento reflexivo y los modelos de trabajo internos, pueden ayudar a procesar recuerdos traumáticos y a regular emociones abrumadoras. Ayudar a las personas a desarrollar una narrativa coherente de sus experiencias traumáticas en el contexto de su historia de apego promueve la integración y la resolución del trauma. Al abordar los miedos e inseguridades relacionados con el apego, los terapeutas pueden empoderar a los pacientes para que desarrollen estrategias de afrontamiento más saludables y disminuyan los síntomas del TEPT.

La intersección de la teoría del apego con tratamientos para el trauma basados en la evidencia, como la terapia cognitivo-conductual (TCC) y la desensibilización y reprocesamiento por movimientos oculares (EMDR), ofrece un enfoque integral para abordar el trauma y el TEPT. Integrar las perspectivas del apego en estas modalidades consolidadas mejora la comprensión de las respuestas de los pacientes y facilita intervenciones más personalizadas y eficaces. Por ejemplo, la incorporación de técnicas basadas en el apego en las terapias de exposición puede promover una sensación de seguridad y confianza durante el reprocesamiento de recuerdos traumáticos, mejorando así los resultados del tratamiento.

Finalmente, es fundamental prestar atención a los factores sistémicos más amplios que pueden afectar la dinámica del apego y la recuperación del trauma de una persona, incluyendo las relaciones familiares y las redes de apoyo social. Comprender la interacción entre los patrones de apego y las influencias sistémicas puede guiar a los profesionales clínicos en el desarrollo de planes de tratamiento holísticos que aborden tanto los aspectos individuales como los relacionales del trauma y el TEPT.

La integración de la teoría del apego con otros modelos terapéuticos

En el campo de la psicología clínica, la integración de la teoría del apego con otros modelos terapéuticos ha suscitado gran atención e interés en la investigación. Al combinar los principios de la teoría del apego con enfoques terapéuticos consolidados, los profesionales clínicos pueden mejorar los resultados del tratamiento para una amplia gama de problemas psicológicos. Un ejemplo destacado de esta integración es la fusión de la teoría del apego con la terapia cognitivo-conductual (TCC), una modalidad ampliamente utilizada en el tratamiento de diversos problemas de salud mental.

La integración de la teoría del apego y la TCC aprovecha las fortalezas de ambos marcos. Si bien la TCC se centra principalmente en identificar y modificar patrones de pensamiento y comportamiento desadaptativos, comprender la dinámica del apego proporciona información crucial sobre el desarrollo y el mantenimiento de estos patrones cognitivos y conductuales. Por ejemplo, una persona con tendencias de apego ansioso puede presentar distorsiones cognitivas relacionadas con el miedo al abandono o a la inutilidad, que pueden abordarse eficazmente dentro del marco de la TCC explorando los desencadenantes y creencias subyacentes relacionados con el apego.

La integración de la teoría del apego con enfoques humanísticos, como la terapia centrada en la persona, enfatiza la importancia de crear una alianza terapéutica de apoyo y empatía que refleje las experiencias de apego seguro. Al integrar técnicas centradas en la persona con intervenciones basadas en el apego, los terapeutas pueden fomentar un clima de aceptación, validación y sintonía, componentes cruciales para facilitar la exploración del cliente de temas relacionados con el apego y sus vulnerabilidades emocionales.

La incorporación de la teoría del apego a las terapias psicodinámicas enriquece la comprensión de los patrones relacionales inconscientes y las experiencias tempranas de apego que configuran la dinámica intrapsíquica. Esta integración permite una exploración exhaustiva de cómo las experiencias tempranas de apego contribuyen a la formación de mecanismos de defensa, dinámicas de transferencia y modelos internos de funcionamiento. En consecuencia, los terapeutas pueden colaborar con los clientes para procesar emociones y conflictos no resueltos relacionados con el apego en el contexto de la relación terapéutica, promoviendo la sanación y el crecimiento personal.

Además, los modelos integrativos emergentes, como la terapia centrada en las emociones (TCE), han adoptado la teoría del apego como marco fundamental para comprender y abordar la dinámica de pareja y la regulación emocional individual. Al integrar la TCE con la teoría del apego, los profesionales clínicos pueden ofrecer intervenciones matizadas que abordan directamente las inseguridades relacionadas con el apego y promueven vínculos seguros en las parejas, fomentando así una mayor satisfacción y resiliencia relacional.

En definitiva, la integración de la teoría del apego con diversos modelos terapéuticos representa un avance hacia una comprensión más holística y matizada del funcionamiento y la angustia humana. Subraya la importancia de considerar la dinámica del apego en la conceptualización y el tratamiento de las dificultades psicológicas, allanando el camino para intervenciones clínicas innovadoras y eficaces.

Consideraciones éticas y desafíos en la práctica clínica

La integración de la teoría del apego con otros modelos terapéuticos presenta diversas consideraciones y desafíos éticos que los profesionales clínicos deben abordar en la práctica clínica. Un desafío surge de la posibilidad de que existan principios y técnicas contradictorias entre la teoría del apego y otros enfoques terapéuticos. Los profesionales clínicos deben considerar cuidadosamente cómo integrar estos diversos marcos sin comprometer los estándares éticos ni generar confusión en los pacientes. Otra consideración ética se refiere al proceso de consentimiento informado. Al incorporar la teoría del apego en la terapia, los profesionales clínicos deben asegurarse de que los pacientes comprendan plenamente las implicaciones, limitaciones y posibles riesgos de integrar este enfoque en su tratamiento. Esto requiere una comunicación clara y transparente respecto a los objetivos, métodos y posibles resultados asociados con el uso de la teoría del apego en la práctica clínica. Además, pueden surgir problemas de confidencialidad al trabajar con contenido relacionado con el apego, especialmente cuando se exploran dinámicas familiares e historias personales sensibles. Los profesionales clínicos deben mantener estrictas normas de confidencialidad, reconociendo al mismo tiempo la importancia de abordar los problemas relacionados con el apego en un contexto familiar. Asimismo, las diferencias de poder dentro de la relación terapéutica pueden presentar desafíos éticos. Los profesionales clínicos deben ser conscientes de su influencia y autoridad, especialmente al explorar material sensible relacionado con el apego, para garantizar que los pacientes se sientan empoderados y respetados durante todo el proceso terapéutico. Además, no se puede pasar por alto la sensibilidad cultural de la teoría del apego y sus aplicaciones en la práctica clínica. Los profesionales clínicos deben considerar activamente los antecedentes culturales, las creencias y los valores de sus pacientes al integrar la teoría del apego, evitando la imposición de perspectivas o suposiciones etnocéntricas. Comprender y respetar la diversidad cultural es esencial para mantener los estándares éticos y promover resultados terapéuticos efectivos. Finalmente, es imperativo evaluar continuamente la efectividad y la pertinencia de integrar la teoría del apego en la práctica clínica. Los profesionales clínicos deben realizar autoevaluaciones periódicas, buscar supervisión y mantenerse al tanto de las nuevas investigaciones para garantizar que su uso de la teoría del apego se ajuste a las mejores prácticas y las directrices éticas. Gestionar estas consideraciones y desafíos éticos exige un enfoque reflexivo y concienzudo, que en última instancia contribuye a la aplicación ética y efectiva de la teoría del apego en la psicología clínica.

CRÍTICAS Y CONTRAARGUMENTOS

Limitaciones metodológicas en la investigación sobre el apego

La investigación sobre el apego ha contribuido significativamente a nuestra comprensión de las relaciones humanas; sin embargo, es importante evaluar críticamente su fundamento metodológico. Una de las principales limitaciones de la investigación sobre el apego reside en su dependencia de autoinformes y datos retrospectivos. Si bien estos métodos proporcionan información valiosa sobre las percepciones e interpretaciones de las personas sobre sus experiencias de apego, están sujetos a sesgos, distorsiones de la memoria y efectos de deseabilidad social. Además, el uso de autoinformes podría no captar plenamente la complejidad de la dinámica del apego y podría verse influenciado por las diferencias individuales en los estilos de comunicación y la expresividad emocional.

Otro desafío metodológico es la dependencia de muestras homogéneas, especialmente en los primeros estudios sobre el apego. Muchos de los estudios fundamentales en la teoría del apego se realizaron con familias caucásicas de clase media, lo que genera dudas sobre la generalización de los hallazgos en diversos contextos culturales y socioeconómicos. Esta limitación plantea interrogantes sobre la universalidad de los patrones de apego y hasta qué punto están condicionados por las normas culturales y los factores contextuales.

Los estudios longitudinales sobre la investigación del apego suelen tener dificultades para mantener la retención de participantes durante periodos prolongados. Las tasas de deserción pueden afectar la fiabilidad y validez de los datos longitudinales, lo que podría sesgar las conclusiones sobre la estabilidad y la continuidad de los patrones de apego a lo largo del desarrollo. Además, las consideraciones éticas relacionadas con el seguimiento a largo plazo y el posible daño psicológico a los participantes dificultan la implementación de diseños longitudinales rigurosos.

Además de estas limitaciones metodológicas, se necesita una mayor integración de los enfoques cualitativos en la investigación del apego. Métodos cualitativos como el análisis narrativo, las observaciones etnográficas y las entrevistas en profundidad pueden ofrecer relatos enriquecedores y contextualizados de las experiencias de apego que complementan las evaluaciones cuantitativas. Al incorporar diversos enfoques metodológicos, los investigadores pueden obtener una comprensión más completa de las complejidades inherentes a los procesos de apego y captar mejor los significados subjetivos que las personas atribuyen a sus relaciones de apego.

Abordar estas limitaciones metodológicas requiere un esfuerzo concertado para diversificar las estrategias de muestreo, implementar herramientas de evaluación innovadoras y adoptar perspectivas interdisciplinarias. Superar estos desafíos es esencial para avanzar en la investigación sobre el apego y desarrollar marcos teóricos más matizados que den cuenta de las complejidades del apego humano en diversos contextos y poblaciones.

Críticas teóricas – Ampliación del alcance

Al ampliar la crítica a la teoría del apego, es fundamental considerar las críticas teóricas que han surgido con el tiempo. Una de las principales preocupaciones se refiere al limitado alcance de la teoría del apego para comprender las relaciones humanas. Los críticos argumentan que la teoría del apego se centra predominantemente en la díada padre-hijo y podría no tener en cuenta adecuadamente otras relaciones significativas, como las que se establecen con hermanos, pares o familiares. Además, el énfasis de la teoría en las interacciones entre cuidadores e hijos podría pasar por alto la influencia de redes sociales más amplias, como el papel de los docentes, mentores y sistemas de apoyo comunitario para facilitar un desarrollo saludable.

El énfasis tradicional en el cuidado materno ha sido criticado por descuidar los roles paternos y de cuidado alternativo. Los críticos argumentan que el arraigo histórico de la teoría del apego en una estructura social patriarcal podría haber perpetuado los sesgos de género, limitando la exploración de diversos modelos de cuidado y su impacto en la dinámica del apego. Esta limitación puede dificultar una comprensión integral de los procesos de apego en diversas estructuras familiares y en diferentes contextos culturales.

Además, algunos académicos argumentan que la dependencia de la teoría del apego en marcos etológicos y evolutivos puede simplificar excesivamente las complejidades de la dinámica del apego humano. El enfoque exclusivo en los instintos biológicos y la función adaptativa de las conductas de apego puede descuidar la importancia de los aspectos cognitivos, emocionales y socioculturales en la configuración de las experiencias de apego. Al ampliar el marco teórico para abarcar influencias multidimensionales, incluyendo las diferencias individuales, las dinámicas interpersonales y los contextos sociohistóricos, se puede cultivar una comprensión más matizada de los fenómenos del apego.

Es fundamental reconocer estas críticas teóricas, ya que incitan a académicos y profesionales a adoptar una perspectiva más inclusiva e integral sobre los procesos de apego. Al ampliar el alcance de la investigación, los investigadores pueden profundizar en la compleja interacción de diversas dinámicas relacionales, factores sociales y matices culturales que configuran el apego humano a lo largo de la vida. Adoptar un marco teórico más amplio no solo enriquece nuestra comprensión del fenómeno del apego, sino que también nos permite reconocer y abordar la diversidad de experiencias y relaciones humanas.

Sesgos culturales en la teoría del apego

La teoría del apego, basada principalmente en investigaciones realizadas en culturas occidentales, ha sido criticada por sus sesgos culturales. La formulación original de la teoría, a cargo de John Bowlby, y la investigación posterior de Mary Ainsworth se centraron principalmente en las conductas de apego observadas en Estados Unidos y Europa. Este limitado alcance cultural plantea dudas sobre la universalidad de las clasificaciones del apego y su aplicabilidad a diversos contextos culturales. Los críticos argumentan que el énfasis en los ideales individualistas en las sociedades occidentales podría no captar plenamente las complejidades de la dinámica del apego en las culturas colectivistas.

Estudios han demostrado que el procedimiento tradicional de la Situación Extraña, frecuentemente utilizado para evaluar patrones de apego, podría no reflejar con precisión la dinámica del apego en culturas no occidentales. La dependencia de escenarios de separación y reencuentro como indicadores de seguridad en el apego podría no coincidir con las normas culturales donde cuidadores y niños interactúan de manera diferente. Además, la suposición de que el apego seguro es el estándar óptimo podría estar influenciada por los valores culturales occidentales, lo que podría descuidar la variabilidad de las prácticas de apego saludable en diferentes entornos culturales.

Las diferencias culturales en las prácticas de cuidado, como el rol de los miembros de la familia extendida o la crianza comunitaria, pueden cuestionar la uniformidad de las expectativas de apego. Por ejemplo, en algunas culturas indígenas, el concepto de múltiples figuras de apego e interdependencia dentro de las redes sociales podría diferir del ideal occidental de un vínculo principal entre el cuidador y el niño. Estas variaciones en la dinámica del cuidado requieren un análisis crítico de cómo la teoría del apego se alinea con las realidades culturales y cuestiona las interpretaciones etnocéntricas.

La reevaluación de los estándares de apego seguro

El apego seguro se ha considerado durante mucho tiempo el estándar de oro en la teoría del apego, representando un entorno de cuidado saludable y óptimo que fomenta el bienestar emocional y el desarrollo del niño. Sin embargo, a medida que se ha ampliado nuestra comprensión de la diversidad cultural y las diferencias individuales, ha aumentado la demanda de reevaluar la aplicación universal de los estándares de apego seguro.

Uno de los principales desafíos para evaluar el apego seguro reside en el posible sesgo hacia las normas y valores occidentales de clase media. La investigación original sobre la teoría del apego se realizó predominantemente en sociedades occidentales, lo que podría no reflejar plenamente la diversidad de prácticas de cuidado y estructuras familiares presentes en culturas no occidentales. Por lo tanto, los criterios para identificar el apego seguro pueden favorecer inadvertidamente ciertas normas culturales y marginar otras, lo que conduce a una comprensión incompleta y potencialmente sesgada de lo que constituye el apego seguro.

La suposición de una definición única y universalmente aplicable de apego seguro no reconoce el amplio espectro de dinámicas relacionales e interacciones entre cuidadores e hijos que pueden promover la seguridad emocional y la resiliencia. Esta conceptualización limitada ignora las estrategias y fortalezas adaptativas que los niños de diferentes orígenes desarrollan en sus respectivos entornos de cuidado. Al reevaluar los estándares de apego seguro, podemos avanzar hacia un marco más inclusivo y culturalmente sensible que reconozca y respete las diversas manifestaciones del apego saludable en diversos contextos culturales.

Además, la búsqueda de reevaluar los estándares de apego seguro requiere un análisis crítico de la relación inherente entre las clasificaciones de apego y el privilegio social. Las investigaciones han demostrado que los patrones de apego pueden intersectar con factores socioeconómicos, desigualdades sistémicas y contextos históricos, lo que influye en la accesibilidad y la manifestación del apego seguro. Por lo tanto, los parámetros tradicionales del apego seguro pueden reflejar y perpetuar inadvertidamente sesgos socioeconómicos, reforzando así las disparidades existentes en el acceso a recursos y oportunidades de cuidado de apoyo.

La cuestión de la universalidad de las clasificaciones del apego

La teoría del apego se ha considerado durante mucho tiempo un marco universal para comprender las relaciones interpersonales, en particular entre niños y cuidadores. Sin embargo, un creciente número de investigaciones ha cuestionado la universalidad de las clasificaciones de apego propuestas por esta teoría. Si bien las categorizaciones originales de los estilos de apego seguro, ansioso y evitativo han aportado información valiosa sobre los patrones relacionales tempranos, ahora existen pruebas que sugieren que estas clasificaciones podrían no ser válidas en todos los contextos culturales y poblaciones diversas. Una consideración clave para cuestionar la universalidad de las clasificaciones de apego reside en reconocer los sesgos inherentes y los supuestos etnocéntricos que sustentan el desarrollo de la teoría del apego. El concepto de "apego seguro" puede reflejar normas y valores culturales específicos, lo que lleva a una interpretación limitada de lo que constituye un apego saludable. Además, estudios realizados en contextos no occidentales han revelado una gama más amplia de prácticas de cuidado y patrones de apego que no encajan perfectamente en las categorías establecidas. Estos hallazgos impulsan una reevaluación crítica de los criterios utilizados para evaluar las clasificaciones de apego y exigen un enfoque más sensible a las diferencias culturales que reconozca la diversidad de experiencias de apego en todo el mundo. Además, no se puede ignorar el papel de las estructuras sociales y las influencias ambientales en la configuración de las dinámicas de apego. Las disparidades socioeconómicas, las estructuras familiares y los sistemas de apoyo comunitario varían ampliamente en diferentes contextos culturales, lo que influye en la naturaleza del cuidado y la formación de vínculos de apego. Por lo tanto, cuestionar la universalidad de las clasificaciones del apego requiere un análisis holístico de los factores socioculturales que configuran las experiencias de apego. Asimismo, investigaciones recientes en psicología del desarrollo y antropología han destacado la necesidad de inclusión y representación en la construcción de marcos de apego. Las diversas voces y perspectivas de las comunidades marginadas pueden proporcionar información valiosa sobre patrones de apego alternativos que pueden cuestionar las clasificaciones tradicionales. Al considerar un espectro más amplio de comportamientos de apego y dinámicas relacionales, podemos avanzar hacia una comprensión más inclusiva y matizada del apego humano. De este modo, podemos cerrar la brecha entre los principios universales y las manifestaciones culturalmente específicas del apego, allanando el camino para una teoría del apego más integral y adaptativa.

Perspectivas psicológicas

Al examinar la teoría del apego desde perspectivas psicológicas, se hace evidente la existencia de puntos de vista divergentes sobre la naturaleza y las implicaciones de las clasificaciones del apego. Los psicólogos con diversas orientaciones teóricas suelen interpretar y analizar la investigación sobre el apego de forma contradictoria, lo que genera desacuerdos y debates en el campo. Por ejemplo, los académicos que se adhieren a perspectivas psicodinámicas pueden enfatizar el impacto de las experiencias de la primera infancia en el desarrollo de la personalidad, destacando la importancia de las relaciones de apego en la configuración de los modelos internos de trabajo y los patrones relacionales de un individuo. En contraste, los psicólogos cognitivos pueden centrarse en los procesos cognitivos implicados en el apego, como el papel de los esquemas y el procesamiento de la información en la formación de representaciones del apego.

Los psicólogos conductuales pueden analizar las conductas de apego desde la perspectiva del refuerzo y el condicionamiento, dilucidando cómo se establecen y mantienen los vínculos de apego mediante mecanismos de condicionamiento operante y clásico. Por otro lado, los psicólogos humanistas pueden destacar las experiencias subjetivas y las tendencias de autorrealización dentro de las dinámicas de apego, enfatizando la importancia de la empatía, la autenticidad y la consideración positiva incondicional para fomentar apegos seguros.

Además, los psicólogos evolucionistas ofrecen una perspectiva evolutiva del apego, afirmando que las conductas y patrones de apego han evolucionado como estrategias adaptativas para la supervivencia y la reproducción. Postulan que los diferentes patrones de apego pueden reflejar diversas estrategias evolutivas relacionadas con el cuidado y el apareamiento. Dentro de estas diversas perspectivas psicológicas, surgen conflictos y discrepancias en torno a los orígenes, las funciones y los resultados del desarrollo del apego, lo que contribuye a una rica variedad de discursos e interpretaciones teóricas.

El papel de los factores ambientales y socioeconómicos

La investigación ha destacado cada vez más la influencia del entorno externo en el desarrollo y la expresión de los patrones de apego. El estatus socioeconómico, la dinámica familiar, las prácticas culturales y las estructuras sociales desempeñan un papel fundamental en la configuración de las experiencias de apego de las personas desde la infancia hasta la edad adulta.

Se ha comprobado que los factores socioeconómicos inciden significativamente en las prácticas de cuidado y la capacidad de respuesta parental, fundamentales para la formación de apegos seguros. Un nivel socioeconómico más bajo suele asociarse con mayores niveles de estrés, acceso limitado a recursos y condiciones de vida inestables, todo lo cual puede afectar la calidad de las interacciones entre padres e hijos y el establecimiento de vínculos de apego seguros. Además, las disparidades económicas pueden generar variaciones en los estilos de crianza y las estrategias disciplinarias, lo que podría influir en la formación de patrones de apego.

Los factores ambientales, como la calidad de los entornos de cuidado, la exposición a la adversidad y el acceso al apoyo social, también contribuyen al desarrollo de las relaciones de apego. Los niños que crecen en entornos enriquecedores y de apoyo emocional tienen mayor probabilidad de desarrollar patrones de apego seguro, mientras que quienes sufren negligencia, abuso u otras experiencias adversas pueden presentar comportamientos de apego inseguro. El papel del entorno social más amplio, como la seguridad del vecindario, el apoyo comunitario y las oportunidades educativas, es fundamental para comprender los resultados del apego.

Las normas y prácticas culturales influyen significativamente en la dinámica del apego. Diferentes contextos culturales pueden priorizar conductas de cuidado, expresiones emocionales y valores relacionales específicos, lo que influye de diversas maneras en los patrones de apego. Reconocer y apreciar la diversidad de experiencias de apego en las distintas culturas es crucial para una comprensión integral de la dinámica del apego.

La integración de teorías y marcos alternativos

En la búsqueda constante por perfeccionar y enriquecer la teoría del apego, académicos e investigadores han centrado cada vez más su atención en la integración de teorías y marcos alternativos. Este enfoque integrador busca ampliar nuestra comprensión del apego humano incorporando perspectivas de diversas perspectivas psicológicas y paradigmas teóricos. Una vía destacada de integración es la exploración de teorías relacionales e interpersonales, como la teoría de las relaciones objetales y la teoría del intercambio social.

La inclusión de las teorías del desarrollo, en particular las centradas en el desarrollo socioemocional y el temperamento, ofrece una visión más integral de la naturaleza multifacética de los procesos de apego. Comprender cómo las diferencias individuales de temperamento y regulación emocional influyen en las conductas de apego proporciona un marco matizado para investigar las complejidades de los patrones de apego en diversas poblaciones y contextos.

El campo de la neurociencia ha contribuido significativamente al avance de la investigación sobre el apego al dilucidar las bases neurobiológicas de las conductas y emociones relacionadas con él. La integración de los hallazgos de los estudios neurobiológicos en la teoría del apego no solo enriquece nuestra comprensión de los mecanismos fisiológicos implicados en el apego, sino que también arroja luz sobre el posible impacto de las experiencias tempranas en el desarrollo cerebral y los patrones de apego subsiguientes.

Más allá de estos ámbitos, la integración de las perspectivas culturales y existenciales es fundamental para fomentar una comprensión más inclusiva y holística del fenómeno del apego. Al reconocer la influencia de las normas culturales, los valores y los sistemas de creencias en la dinámica del apego, los investigadores pueden apreciar mejor la diversidad de las experiencias de apego en diversos contextos culturales. Además, explorar las dimensiones existenciales del apego, como la búsqueda de significado y seguridad, ofrece una comprensión más profunda de cómo el apego se integra en temas existenciales más amplios y en la búsqueda humana de conexión y pertenencia.

En definitiva, la integración de teorías y marcos alternativos enriquece la teoría del apego al ampliar su alcance, promover la colaboración interdisciplinaria y fomentar una comprensión más matizada del apego humano en diferentes niveles de análisis. A medida que continuamos adoptando diversas perspectivas teóricas e incorporando perspectivas multidisciplinarias, estamos preparados para avanzar en la teoría del apego hacia un marco más completo, dinámico e integrador que capture la rica diversidad de experiencias de apego humano.

DIRECCIONES FUTURAS E INVESTIGACIÓN

Los avances tecnológicos y su impacto en los estudios sobre el apego

El panorama de la investigación sobre el apego se ha visto enormemente influenciado por la llegada de los avances tecnológicos, que han revolucionado la forma en que los investigadores investigan y comprenden la dinámica del apego. La integración de técnicas avanzadas de imagen, como la fMRI y el electroencefalograma, ha proporcionado información sin precedentes sobre los mecanismos neuronales que subyacen a las conductas de apego, arrojando luz sobre la interacción entre la actividad cerebral y los vínculos sociales. Además, el desarrollo de sofisticadas herramientas de observación del comportamiento y sensores portátiles ha permitido la monitorización en tiempo real de las conductas relacionadas con el apego en entornos naturales, ofreciendo una evaluación ecológicamente más válida de los procesos de apego. Las plataformas digitales y las simulaciones de realidad virtual también se han convertido en herramientas prometedoras para explorar la influencia de las redes sociales y las interacciones en línea en la formación y el mantenimiento del apego en la sociedad contemporánea.

Por otro lado, el uso de análisis de big data y algoritmos de aprendizaje automático ha permitido a los investigadores analizar conjuntos de datos masivos que abarcan diversas muestras culturales y demográficas, lo que permite un examen transcultural exhaustivo de los patrones de apego y la identificación de elementos universales y culturales. Además, la integración de la investigación genómica ha abierto nuevas vías para investigar las bases genéticas de la seguridad del apego y la susceptibilidad a la psicopatología relacionada con el apego, lo que ha proporcionado información valiosa sobre la heredabilidad de los estilos de apego.

En el ámbito de la intervención y el tratamiento, la teleterapia y las aplicaciones móviles se han aprovechado para brindar apoyo accesible y personalizado a personas que enfrentan dificultades relacionadas con el apego, ampliando el alcance de las intervenciones terapéuticas más allá de los entornos clínicos tradicionales. Estas innovaciones tecnológicas tienen un inmenso potencial para mejorar la eficacia y la accesibilidad de las intervenciones basadas en el apego, fomentando así relaciones de apego seguras y mejorando las dificultades relacionadas con el apego.

Sin embargo, es fundamental reconocer las implicaciones éticas y las preocupaciones sobre la privacidad que rodean el uso de la tecnología en la investigación sobre el apego, lo que requiere un enfoque cauteloso para salvaguardar la confidencialidad y el bienestar de los participantes. A medida que la tecnología evoluciona rápidamente, los investigadores deben mantenerse alerta y evaluar críticamente el impacto de estos avances en la autenticidad y validez de los hallazgos de la investigación sobre el apego.

Enfoques interdisciplinarios de la teoría del apego

Los enfoques interdisciplinarios de la teoría del apego se han vuelto cada vez más esenciales para avanzar en nuestra comprensión del apego humano a lo largo de la vida. Al integrar perspectivas y metodologías de diversos campos como la psicología, la neurociencia, la sociología, la antropología y la genética, los investigadores han logrado obtener una perspectiva más integral de los procesos de apego.

Uno de los principales beneficios de la colaboración interdisciplinaria es la oportunidad de examinar los fenómenos del apego desde múltiples perspectivas. Los psicólogos aportan valiosos conocimientos sobre la dinámica socioemocional del apego, mientras que los neurocientíficos arrojan luz sobre los mecanismos cerebrales subyacentes que intervienen en la formación y el mantenimiento de los vínculos de apego. Las perspectivas sociológicas ayudan a situar el apego dentro de estructuras sociales y contextos culturales más amplios, dilucidando el impacto de las normas y valores sociales en los patrones de apego. La intersección de estas disciplinas no solo enriquece nuestra comprensión teórica del apego, sino que también fundamenta intervenciones prácticas e iniciativas políticas.

La colaboración interdisciplinaria fomenta metodologías de investigación innovadoras que trascienden los límites de los silos disciplinarios tradicionales. Por ejemplo, la integración de estudios genéticos con la investigación sobre el apego ha permitido investigar las bases genéticas de los estilos de apego y sus implicaciones para la salud mental. De igual manera, el uso de técnicas avanzadas de imagenología en neurociencia ha proporcionado conocimientos sin precedentes sobre los correlatos neuronales de los procesos de apego, ofreciendo evidencia contundente de la base biológica del apego humano. Estas sinergias metodológicas subrayan el potencial transformador de los enfoques interdisciplinarios para ampliar las fronteras de la teoría y la investigación sobre el apego.

Los diálogos interdisciplinarios han impulsado reflexiones críticas sobre la universalidad de la teoría del apego y la necesidad de una mayor inclusión cultural. Al abordar perspectivas antropológicas, los investigadores han comenzado a desentrañar la diversidad de prácticas de apego en diferentes sociedades y cómo las variaciones culturales configuran la dinámica del apego. Esta perspectiva cultural ampliada no solo desafía los sesgos etnocéntricos en la investigación sobre el apego, sino que también subraya la importancia de contextualizar el apego dentro de un marco global y multicultural.

Metodologías innovadoras para el análisis de patrones de apego

El estudio de los patrones de apego se ha beneficiado enormemente de metodologías innovadoras que han ampliado nuestra comprensión de las relaciones humanas. Una de estas metodologías implica el uso de técnicas avanzadas de imagenología, como la resonancia magnética funcional y la tomografía por emisión de positrones (PET), para investigar las bases neuronales de las conductas relacionadas con el apego. Al examinar la actividad cerebral en respuesta a estímulos relacionados con el apego, los investigadores pueden dilucidar la base neurobiológica del apego y sus implicaciones para la regulación emocional y los vínculos sociales. Además, los avances en los sistemas de codificación conductual y los métodos de observación han proporcionado a los investigadores formas más matizadas de evaluar las conductas de apego en diversos contextos. Desde la codificación microanalítica de interacciones hasta el seguimiento automatizado del comportamiento mediante algoritmos de aprendizaje automático, estos enfoques innovadores permiten un análisis más exhaustivo de la dinámica del apego. Asimismo, la integración de medidas fisiológicas, como la variabilidad de la frecuencia cardíaca y los niveles de cortisol, ha arrojado luz sobre los aspectos psicofisiológicos de los procesos de apego, ofreciendo una perspectiva holística sobre la interacción entre la biología y el comportamiento. Además, el floreciente campo de la epigenética ha abierto nuevas vías para la investigación de la transmisión intergeneracional de los patrones de apego. Al examinar los patrones de metilación del ADN y la expresión génica relacionada con genes relevantes para el apego, los investigadores están descubriendo los mecanismos moleculares a través de los cuales las experiencias tempranas de cuidado impactan en los resultados del apego a largo plazo. Otro avance innovador es la aplicación de la tecnología de realidad virtual para simular escenarios de apego, proporcionando un entorno controlado pero inmersivo para estudiar las conductas de apego y sus mecanismos subyacentes. Los paradigmas basados en la realidad virtual ofrecen información única sobre las respuestas de las personas a los factores estresantes relacionados con el apego y proporcionan una plataforma para intervenciones dirigidas a mejorar la seguridad del apego.

Apego y neurobiología

Los avances en las técnicas de neuroimagen, como la resonancia magnética funcional (RMf), han permitido a los investigadores explorar las bases neuronales de los procesos relacionados con el apego. Estudios que utilizan RMf han demostrado que áreas cerebrales específicas, en particular la amígdala y la corteza prefrontal, desempeñan un papel crucial en la regulación de las respuestas emocionales y los vínculos sociales, lo que arroja luz sobre la base neurológica del apego. Además, las investigaciones sobre los sustratos neuroquímicos del apego han revelado la influencia de la oxitocina, a menudo denominada la "hormona del amor", y su impacto en las conductas afiliativas y los vínculos. Comprender estas vías neuroquímicas proporciona información valiosa sobre los mecanismos fisiológicos que sustentan las relaciones de apego. A medida que nos esforzamos por acortar la brecha entre la teoría del apego y la neurobiología, es imperativo considerar las implicaciones de estos hallazgos interdisciplinarios. La integración de las perspectivas neurobiológicas puede ofrecer explicaciones matizadas de los patrones de apego observados en diversas poblaciones y etapas del desarrollo. Además, este enfoque holístico tiene profundas implicaciones para las intervenciones clínicas, ya que abre caminos para estrategias terapéuticas específicas basadas en una comprensión más profunda de los correlatos neurobiológicos de los desafíos relacionados con el apego. Sin embargo, la exploración de los aspectos neurobiológicos del apego debe ir acompañada de consideraciones éticas, enfatizando la necesidad de prácticas de investigación responsables y la aplicación rigurosa de los hallazgos en entornos prácticos.

La teoría del apego más allá de los límites tradicionales

La teoría del apego, aunque tradicionalmente se centraba en las relaciones diádicas y el vínculo paternofilial, ha experimentado una expansión significativa más allá de estos límites convencionales en los últimos años. Esta evolución ha sido impulsada por un creciente reconocimiento de la influencia de factores sociales, culturales y ambientales más amplios en la dinámica del apego. Un área crucial de expansión es la exploración de los patrones de apego en estructuras familiares no tradicionales, como los hogares monoparentales, las familias ensambladas y las familias homoparentales. Comprender cómo opera la teoría del apego en estos diversos contextos familiares puede proporcionar información valiosa tanto para profesionales como para legisladores. Otra frontera en la expansión de la teoría del apego reside en su aplicabilidad a las relaciones no humanas. La investigación sobre las conductas de apego en especies animales ha arrojado luz sobre las raíces evolutivas del apego y la universalidad de sus principios en todas las especies. Este enfoque interdisciplinario ha impulsado colaboraciones fructíferas entre etólogos, psicólogos y neurocientíficos, enriqueciendo nuestra comprensión de los procesos de apego. Además, la globalización y el aumento de la movilidad han impulsado las investigaciones sobre la dinámica del apego en entornos multiculturales. El impacto de la migración, la aculturación y las relaciones transnacionales en los estilos de apego y los vínculos interpersonales se ha convertido en un área fundamental de investigación. Los estudios en este ámbito no solo contribuyen a la psicología intercultural, sino que también ofrecen implicaciones prácticas para apoyar la adaptación de las personas a diversos entornos socioculturales. Además, a medida que la comunicación digital se vuelve integral a las interacciones humanas modernas, los investigadores están profundizando en la influencia de los apegos virtuales y las relaciones mediadas por la tecnología en los patrones de apego. Esta exploración abarca el examen de las comunidades en línea, las relaciones a distancia y el impacto de las redes sociales en las conductas relacionadas con el apego. Comprender la intersección de la tecnología y el apego es fundamental en una era donde la conectividad virtual configura aspectos significativos de la conexión humana. Por último, la extensión de la teoría del apego a poblaciones marginadas y vulnerables, incluyendo personas con discapacidades del desarrollo, sobrevivientes de traumas y personas encarceladas, subraya el potencial de la teoría del apego para fundamentar intervenciones inclusivas y equitativas.

Estudios longitudinales y sus perspectivas sobre el apego en adultos

Al observar a las personas a lo largo del tiempo, los investigadores pueden discernir patrones de estabilidad y cambio en los estilos de apego, lo que proporciona una comprensión integral de la dinámica del apego en la edad adulta. Estudios longitudinales han esclarecido la interacción entre los entornos de cuidado temprano y los resultados relacionales posteriores, dilucidando la continuidad o transformación de los patrones de apego en la edad adulta. Este enfoque longitudinal permite a los investigadores explorar la posible influencia de eventos vitales, como transiciones, traumas o relaciones significativas, en el desarrollo y la adaptación de los estilos de apego. Además, la investigación longitudinal facilita la identificación de factores protectores que contribuyen a la resiliencia ante las adversidades, lo que ofrece valiosas implicaciones para los programas de intervención y apoyo. La perspectiva longitudinal permite examinar la transmisión generacional de los patrones de apego, dilucidando cómo las representaciones de apego de los cuidadores adultos influyen en la seguridad del apego de sus hijos. Asimismo, los estudios longitudinales proporcionan datos significativos sobre la asociación entre el apego en la edad adulta y diversos ámbitos del funcionamiento, como la regulación emocional, los resultados de salud mental y las relaciones interpersonales. Estos conocimientos multifacéticos mejoran nuestra comprensión de las amplias implicaciones del apego en la edad adulta en diversos contextos. Además, las investigaciones longitudinales pueden contribuir al perfeccionamiento y la validación de las herramientas de evaluación, garantizando que las medidas capturen con precisión la dinámica matizada del apego adulto a lo largo del tiempo. A medida que las metodologías de investigación continúan evolucionando, los estudios longitudinales que incorporan diversas poblaciones y contextos culturales resultan prometedores para enriquecer nuestra comprensión de la universalidad y la especificidad cultural de los fenómenos del apego. La integración de técnicas estadísticas avanzadas y enfoques de medición innovadores refuerza aún más la fiabilidad y la validez de los hallazgos de la investigación longitudinal, fomentando la acumulación de evidencia sólida en el campo del apego adulto.

Implicaciones políticas y aplicaciones en la salud pública

El campo de la teoría del apego tiene implicaciones significativas para las políticas públicas y el ámbito más amplio de la salud pública. Un área crucial de implicación política es el desarrollo y el cuidado infantil en la primera infancia. Las investigaciones han demostrado sistemáticamente que el apego seguro en la primera infancia actúa como factor protector contra numerosos efectos negativos posteriores en la vida, como problemas de salud mental, abuso de sustancias y dificultades en las relaciones. Por lo tanto, las políticas que apoyan la baja parental de alta calidad, el cuidado infantil asequible y accesible, y los programas de intervención temprana pueden desempeñar un papel fundamental en el fomento de apegos seguros y la promoción del desarrollo saludable en los niños pequeños.

Por otro lado, la teoría del apego tiene una relevancia directa en el sector sanitario, en particular en las áreas de salud mental e intervenciones interpersonales. Comprender los patrones de apego de una persona puede influir significativamente en la eficacia de las intervenciones terapéuticas y el diseño de programas de tratamiento de salud mental. La integración de prácticas basadas en el apego en entornos clínicos y políticas de salud mental puede mejorar la calidad general de la atención y los resultados del tratamiento.

Además de las intervenciones a nivel individual, la teoría del apego también destaca la importancia de crear entornos de apoyo dentro de las comunidades e instituciones. Esto tiene implicaciones significativas para las estrategias de salud pública destinadas a abordar las desigualdades sociales, apoyar a las poblaciones vulnerables y prevenir experiencias adversas en la infancia. Al promover políticas y programas que buscan crear entornos sociales enriquecedores y de apoyo, los responsables políticos pueden contribuir a mejorar los resultados generales de salud pública y a reducir la prevalencia de trastornos de salud mental. Asimismo, la incorporación de prácticas basadas en el apego en las políticas educativas puede tener efectos de gran alcance en el desarrollo socioemocional y el rendimiento académico de los estudiantes. Las escuelas que priorizan estrategias alineadas con nuestra comprensión de las necesidades y patrones de apego están mejor posicionadas para apoyar el desarrollo integral y el bienestar de los estudiantes.

Finalmente, las consideraciones éticas deben integrarse cuidadosamente en cualquier política derivada de la investigación sobre el apego. Al desarrollar e implementar políticas basadas en la teoría del apego, es fundamental mantener estándares éticos, respetar la autonomía individual y garantizar que las intervenciones se realicen priorizando el bienestar de todas las partes involucradas. Abordar problemas sociales complejos mediante políticas basadas en el apego requiere un enfoque ético y con matices que equilibre los beneficios potenciales con la protección de los derechos y la dignidad de las personas.

Consideraciones éticas en la investigación futura sobre el apego

A medida que este campo continúa evolucionando y expandiéndose, se hace cada vez más imperativo mantener estándares éticos que prioricen el bienestar de los participantes del estudio y respeten sus derechos. Un elemento esencial en la conducta ética de la investigación sobre el apego implica obtener el consentimiento informado de todas las personas involucradas, incluyendo niños y poblaciones vulnerables. Los investigadores deben asegurarse de que los participantes comprendan plenamente la naturaleza del estudio, sus posibles riesgos y beneficios antes de aceptar participar voluntariamente. Además, se debe prestar especial atención a la protección del anonimato y la confidencialidad de los participantes, en particular al explorar temas sensibles relacionados con la dinámica del apego y las relaciones interpersonales. Esto implica implementar estrictas medidas de seguridad de datos y utilizar técnicas de desidentificación para salvaguardar la privacidad de las personas que contribuyen a las iniciativas de investigación.

A medida que la teoría del apego profundiza en diversos contextos culturales y normas sociales, los investigadores deben abordar las complejidades de la ética intercultural con sensibilidad y respeto. Reconocer y abordar las diferencias de poder, los desequilibrios históricos y los legados coloniales es fundamental para fomentar prácticas de investigación equitativas y éticas. Colaborar con las comunidades locales, adoptar enfoques participativos e integrar las perspectivas indígenas puede enriquecer el tejido ético de la investigación sobre el apego, garantizando que las investigaciones sean culturalmente apropiadas y beneficiosas para todos los actores involucrados.

Además de respetar los derechos de los participantes, las consideraciones éticas en futuras investigaciones sobre el apego también se extienden a la difusión y utilización de los hallazgos. Los investigadores tienen la responsabilidad de presentar sus resultados con precisión y transparencia, absteniéndose de sensacionalizar o tergiversar los datos para llamar la atención. Además, deben esforzarse por contribuir a la comunidad científica en general compartiendo perspectivas, metodologías y posibles limitaciones de sus estudios. El diálogo abierto y la colaboración dentro de la comunidad investigadora pueden fortalecer los principios éticos y promover una cultura de responsabilidad e integridad en la investigación sobre el apego.

A medida que la tecnología continúa avanzando, las consideraciones éticas en la investigación del apego también deben abordar las implicaciones del uso de herramientas de vanguardia como la neuroimagen y el análisis genético. Es crucial sopesar las implicaciones éticas del almacenamiento y la interpretación de datos biológicos y neurológicos sensibles, garantizando que dicha información se gestione de forma ética, segura y con el máximo respeto por la autonomía y la privacidad individual. Además, los marcos éticos deben guiar el uso de las tecnologías emergentes de forma que prioricen el bienestar de los participantes y contribuyan significativamente al avance de la teoría del apego sin comprometer los estándares éticos.

En resumen, las consideraciones éticas en la futura investigación sobre el apego abarcan un amplio espectro de responsabilidades, incluyendo el consentimiento de los participantes, la sensibilidad cultural, la transparencia en la presentación de los hallazgos y el uso ético de las tecnologías avanzadas. El respeto de estos principios éticos no solo salvaguarda la integridad de las investigaciones, sino que también garantiza que el bienestar y los derechos de todas las personas involucradas se mantengan como prioridad en la investigación sobre el apego.

50 CITAS DE BOWLBY SOBRE LA TEORÍA DEL APEGO

Sobre la naturaleza del apego y los vínculos humanos

"La propensión a crear fuertes vínculos emocionales con determinados individuos es un componente básico de la naturaleza humana".

"Tener un profundo apego a una persona (o a un lugar o a una cosa) es haberlos tomado como el objeto terminal de nuestras respuestas instintivas".

"Lo que no se puede comunicar a la madre no se puede comunicar al yo".

"Considero que el deseo de ser amado y cuidado es parte integral de la naturaleza humana a lo largo de la vida adulta".

"El apego no es un rasgo fijo; puede ser influenciado y moldeado por experiencias y relaciones posteriores".

"El sistema de apego es una parte integral de nuestra naturaleza humana, que influye en nuestros pensamientos, comportamientos y emociones a lo largo de nuestra vida".

"Las relaciones de apego preparan el terreno para el desarrollo emocional y cognitivo del niño, dando forma a sus futuras experiencias y relaciones".

"La necesidad de apego es una necesidad humana fundamental, al igual que la necesidad de alimento y refugio".

Sobre la experiencia temprana y el impacto duradero

"A menudo se subestiman los efectos duraderos de las primeras experiencias, pero estas sientan las bases para el bienestar emocional durante toda la vida".

"Las primeras relaciones sientan las bases para la regulación emocional, la empatía y la competencia social en la edad adulta".

"Un niño con un apego seguro almacenará un modelo interno de funcionamiento de un cuidador receptivo, cariñoso y fiable [...]".

"[...] Por el contrario, un niño con un apego inseguro puede ver el mundo como un lugar peligroso [...]".

"Los niños que experimentan un apego seguro son más propensos a desarrollar una autoestima saludable, relaciones positivas y bienestar emocional".

"La calidad de las primeras relaciones sirve de modelo para las relaciones futuras [...]".

"El apego es el mecanismo por el cual el bebé y el niño pequeño se aseguran la proximidad de su cuidador principal en cualquier circunstancia en la que se encuentren".

Sobre base segura y exploración

"La vida se organiza mejor como una serie de aventuras audaces desde una base segura".

"El apego seguro proporciona un refugio seguro y una base desde la que las personas pueden explorar el mundo y desarrollar un sentido de identidad".

"El apego seguro promueve un sentido de confianza en el mundo [...]".

"El cuidado receptivo promueve el apego seguro, proporcionando a los niños una base sólida para un desarrollo saludable".

"La disponibilidad emocional y la receptividad de los cuidadores son cruciales para establecer vínculos de apego seguros".

Sobre la regulación emocional y la resiliencia

"El apego seguro fomenta el desarrollo de habilidades de regulación emocional, lo que permite a las personas lidiar con el estrés y regular sus emociones de manera eficaz".

"El apego proporciona consuelo, seguridad y confianza, lo que ayuda a las personas a afrontar los retos de la vida con mayor resiliencia".

"La psique humana, al igual que los huesos humanos, tiene una fuerte inclinación hacia la autocuración".

"Por lo tanto, en el lugar adecuado, en el momento adecuado y en la medida adecuada, la ira no solo es apropiada, sino que puede ser indispensable [...]".

Sobre la separación, la ansiedad y la angustia del apego

"Porque sentir un profundo apego por una persona es haberla tomado como el objeto final de nuestras respuestas instintivas".

"Cuando una relación con una persona querida especial se ve amenazada, no solo nos sentimos ansiosos, sino que también solemos enfadarnos [...]".

"Intenta separar una lapa de su roca y se aferrará con más fuerza".

"Los niños pequeños privados de cuidados y atención continuos pueden sufrir efectos a largo plazo que persisten".

"No es la comida o la nutrición lo que determina el apego. En cambio, es la capacidad de respuesta de los cuidadores [...]".

Sobre los modelos de trabajo internos y las expectativas

"Atribuir sentimientos suele ser sinónimo de predecir el comportamiento posterior".

"Las relaciones de apego contribuyen a la formación de un modelo interno de funcionamiento del yo y los demás [...]".

"Una persona con un apego inseguro puede sentir una intensa dependencia y miedo al rechazo [...]".

"El modelo interno de funcionamiento da forma a las expectativas y los patrones de relación a lo largo de toda la vida".

Sobre el psicoanálisis y la perspectiva científica

"Se consideraba que prestar atención sistemática a las experiencias reales de una persona estaba casi fuera del ámbito de interés propio de un analista".

"Todo conocimiento es conjetural [...] la ciencia avanza a través de nuevas teorías que sustituyen a las antiguas [...]".

"Quien siga siendo escéptico sobre si el conocimiento del comportamiento animal puede ayudarnos a comprender al ser humano, no encontrará apoyo en Freud".

"Ahora bien, no hay nada anticientífico en utilizar, para la interpretación de los datos, cualquier modelo que parezca prometedor [...]".

Sobre la atención materna y el desarrollo infantil

"Si una comunidad valora a sus hijos, debe apreciar a sus madres".

"Si valoramos a nuestros hijos, debemos apreciar a sus padres".

"Dado que [...] los objetos transicionales [...] no desempeñan ningún papel especial, un término más adecuado para ellos sería simplemente «objetos sustitutos".

"En el momento de cumplir dos años [...] un niño sano [...] se aleja de su madre, pero vuelve antes de la siguiente [...]".

Sobre el apego a lo largo de la vida

"Las necesidades de apego continúan a lo largo de toda la vida y no se superan con la edad".

"Todas las relaciones íntimas reflejan las experiencias fundamentales de apego formadas en la primera infancia".

"El apego influye en cómo regulamos las emociones, pensamos sobre nosotros mismos y nos relacionamos con los demás mucho más allá de la infancia".

Citas reveladoras varias

"La cruda desnudez y simplicidad del conflicto que oprime a la humanidad [...]".

"El hecho de que se puedan experimentar emociones durante el sueño es un recordatorio [...]".

"No solo se supervisa el progreso de la actividad general, sino también el de cada una de sus partes [...]".

"Una dificultad de la exposición es que cada tipo de proceso de evaluación [...]".

"A lo largo de este libro, hay proposiciones de naturaleza genética y adaptativa [...]".

"Por lo tanto, la evaluación es un proceso complejo en el que se pueden distinguir dos etapas principales [...]".

www.ingramcontent.com/pod-product-compliance
Lightning Source LLC
LaVergne TN
LVHW010922051026
849532LV00003B/808